AF496419

Conserver cette page o v

471

# DISCOURS
## SUR LA
# POLYSYNODIE,
## OÙ L'ON DÉMONTRE

*Que la* POLYSYNODIE, *ou pluralité des Conseils, est la forme de Ministère la plus avantageuse pour un Roi, & pour son Royaume.*

Par Mr. l'Abbé de St. PIERRE, ci-devant de l'Académie Françoise.

*Ubi multa Consilia Salus.* PROV.

A AMSTERDAM,
Chez DU VILLARD & CHANGUION.

M. DCC XIX.

# DISCOURS
## SUR LA
# POLYSYNODIE,

OÙ L'ON DÉMONTRE

*Que la* POLYSYNODIE, *ou pluralité des Conseils, est la forme de Ministère la plus avantageuse pour un Roi, & pour son Royaume.*

Par Mr. l'Abbé de S. PIERRE, ci-devant de l'Académie Françoise.

*Ubi multa Consilia Salus.* PROV.

A AMSTERDAM,
Chez DU-VILLARD & CHANGUION.

M. DCCXIX.

# DISCOURS SUR LA POLYSYNODIE,

*Où l'on démontre que la* Polysynodie, *ou Pluralité des Conseils, est la forme de Ministère la plus avantageuse pour un Roi, & pour son Royaume.*

## *PRÉFACE.*

UN Monarque peut n'écouter qu'un seul homme dans toutes ses affaires, & lui confier son autorité entière, comme nos Rois de la première & de la seconde Race la confioient à celui qu'ils

 nom-

nommoient *Maire du Palais* ; comme quelques-uns des Rois de la troisième Race, & entr'autres *Louïs* XIII. qui la confia pendant dix-huit ou vingt ans au Cardinal de *Richelieu*, sous le nom de *Premier Ministre*; & comme les Monarques *Turcs* la confient encore aujourdhui à celui, qu'ils nomment *Grand Visir* : Pour abreger, j'appelle *Visirat* cette sorte de Ministère.

Ce Monarque peut n'écouter que deux hommes sur ses affaires, & chacun d'eux sans témoins sur la sorte d'affaire qui lui est commise; & partager ainsi son autorité entr'eux, à peu près de la manière que nous l'avons vûë partagée entre feu Monsieur *Colbert*, & feu Monsieur de *Louvois* : C'est cette forme que je nommerai dans

dans la ſuite *Demi-Viſirat.*

Ce Monarque pourroit encore partager cette autorité en quatre, en huit, & en un plus grand nombre de Miniſtres à peu près égaux en pouvoir: Mais comme ce ne ſeroient après tout que differentes eſpèces de *Demi-Viſirs*, je comprens ces formes ſous le même nom de *Demi-Viſirat.*

Enfin ce Monarque peut écouter dans une Aſſemblée l'avis de chaque Membre de cette Aſſemblée, ſur chaque affaire du Gouvernement ; & diſtribuer à ſept ou huit Conſeils, à ſept ou huit Aſſemblées, les ſept ou huit principaux genres, d'affaires de l'Etat. C'eſt cette forme de Miniſtère, que l'on peut appeller *pluralité de Conſeils, ou Polyſynodie.* C'eſt à peu près celle que le Régent a conçûë avec tant de sagesse, & executée en peu de semaines, avec tant de courage & de conduite.

Je sai bien 1°. que la *Polysynodie* peut dégenerer peu à peu en *Demi-Visirat*, & même en *Visirat*. Je sai bien 2°. que les Membres mal choisis peuvent se corrompre aussi bien que les *Visirs* & les *Demi Visirs*, en préferant de concert leurs interêts particuliers à l'interêt public, c'est-à-dire, à l'interêt du Roi & du Royaume. Je sai bien 3°. que cette merveilleuse forme de Ministère n'a pour le present d'autre sûreté de sa durée, que la volonté de celui qui tient la place du Roi ; & qu'elle n'a encore pour l'avenir autre sûreté de cette durée, que la volonté des Rois qui se succederont. Je sai bien 4°. que si l'on n'ajoute rien à la forme établie, elle ne seroit propre que pour des Princes laborieux : Qualité trop rare dans les Rois ; elle ne conviendroit point à des Princes, qui n'aimeroient point le travail, qui n'auroient que peu de capacité pour les affaires ; encore moins à des Princes trop jeunes, trop vieux, trop infirmes ou livrez à la débauche & à la volupté. Cependant, les deux tiers de l'espace que durent les Monarchies, sont remplis de pareils Monarques ; ainsi il seroit à désirer que la *Polysynodie* des Monarchies fût tellement perfectionnée, que ni la foiblesse, ni l'affoiblissement des Monarques n'affoiblît jamais les Monarchies ; que les intervalles de fainéantise, de folie & d'imprudence des uns ne pussent jamais nuire, ni à leur Maison ni à leur Etat ; &

que les intervalles de travail, de prudence & de ſageſſe des autres puſſent toûjours facilement procurer à leur Maiſon & à leur Etat de très-grands avantages.

Or je prétens montrer que l'on peut ſe préſerver de ces quatre inconveniens; & c'eſt dans ce Diſcours que je me propoſe d'indiquer pour cela des préſervatifs faciles & ſuffiſans: J'eſpere même que le Lecteur verra que la *Polyſynodie*, même ſans autre perfection, que celle où nous la voyons, eſt une forme de Gouvernement préferable de beaucoup au *Viſirat* & au *Demi-Viſirat*: Et c'eſt une des conſiderations que j'ai euës en travaillant à cet Ouvrage; car il eſt d'un bon Citoyen de faire eſtimer & aimer le Gouvernement preſent, ſur tout quand il eſt beaucoup plus avan-

avantageux que le Gouvernement précedent.

Il ne faut pas confondre ici deux choses fort differentes, le Gouvernement d'un seul *Visir* particulier avec le *Visirat* en géneral. Il peut arriver qu'un *Visir* soit d'un Esprit excellent, très laborieux, d'une grande temperance, d'une grande santé; il se peut faire absolument parlant, qu'il n'ait aucune vûë d'enrichir, d'élever sa maison, ses parens, ses amis, & qu'il soit toûjours uniquement & vivement occupé de la Justice & des interêts du Roi & du Royaume; il se peut faire même qu'il soit capable de préferer ces sortes d'interêts à sa propre réputation: Mais il y a une difference infinie entre le Gouvernement merveilleux d'un pareil *Visir* pendant vingt ou trente ans, & le *Vi-*

*ſirat*, que je ſuppoſe une forme de Gouvernement permanente, qui doit ſubſiſter autant qu'une Nation, & qui tombe preſque toûjours entre les mains d'hommes plus ambitieux que les autres; d'hommes ſujets à la vengeance, à la jalouſie, & aux autres vices de l'humanité; d'hommes qui veulent s'enrichir, leurs parens, leurs amis, élever des créatures, qui ſoient plus intereſſez à ſoûtenir le pouvoir du *Viſir*, qu'à ſoutenir les interêts du Roi & du Royaume. Le *Viſirat* eſt donc une forme de Gouvernement, dans lequel de cent *Viſirs* il n'y aura pas un homme parfait, contre quatre-vingt-dix-neuf hommes, qui ſeront la plûpart d'un eſprit & d'une vertu médiocre, & qui ſeront quelquefois les uns malhabiles, les uns très-

très méchans. Ainsi les raisons qui prouveroient que le Gouvernement d'un *Visir* parfait seroit plus désirable que la *Polysynodie*, ne prouvent rien pour le *Visirat*, où il y a si rarement des *Visirs* parfaits: Et puis je soutiens, qu'un *Visir* parfait ne pourroit rien faire de mieux, que d'établir avant sa mort la *Polysynodie* dans l'Etat même qu'il gouverneroit.

Il ne faut pas penser non plus, que si une *Polysynodie* particulière est défectueuse, sur tout dans les premières années de son établissement, & dans un Royaume où presque tout est bouleversé, quand elle y a été introduite, la *Polysynodie* en géneral ne soit pas infiniment préferable au *Visirat*. Un établissement aussi vaste, qui n'a point encore eu dans le monde d'excellent modelle, ne peut pas en ſi peu de tems acquerir ſa perfection. Et c'eſt en partie pour donner quelques idées propres à le perfectionner, que j'ai entrepris cet Ouvrage.

Une grande partie des vûës que l'on trouvera dans ce Diſcours, m'étoient venûës neuf ou dix ans avant la mort du feu Roi ; mais le Lecteur ſait aſſez qu'il eût été alors très inutile pour l'Etat, & très dangereux pour moi, de le communiquer. Heureuſement les choſes ont bien changé ; ainſi j'ai repris mon travail. J'ai tâché d'éclaircir la matière, dans le deſſein de contribuer, autant qu'il eſt en mon pouvoir, à perfectionner un ſi bel établiſſement.

Je ne pouvois pas montrer tous les avantages de la *Polyſynodie*, ſans

ſans montrer que cette forme de Gouvernement n'eſt point ſujette aux grands inconveniens du *Demi Viſirat* : Or comment montrer la grandeur de ces inconveniens, ſans faire ſouvenir d'un côté de quelques malheurs du Regne précedent, & ſans montrer de l'autre, que ces malheurs venoient uniquement, de ce que dans le *Demi-Viſirat* le feu Roi étoit ſouvent mal informé de beaucoup de faits très importans, & de ce qu'en chaque affaire ordinaire & extraordinaire, il n'étoit ſecouru le plus ſouvent, que par un ſeul homme, qui non ſeulement étoit moins éclairé qu'un Conſeil entier ; mais qui étoit encore fort ſouvent plus intereſſé à lui faire prendre les mauvais partis, qu'à lui faire prendre les meilleurs ? De ſorte que l'on doit être étonné, qu'avec une forme de Gouvernement auſſi imparfaite, il n'ait pas fait plus de fautes, & qu'il ait pû lui ſeul réſiſter à tant de grandes Puiſſances, qu'il s'étoit attirées pour ennemis, à tant de mauvais conſeils, à tant de flateurs habiles & intereſſez à le corrompre. Que n'auroit-il point fait pour ſa gloire & pour nôtre bonheur, lui qui avoit de ſi bonnes intentions, ſi à la mort du Cardinal *Mazarin* il eût connu les grands avantages qu'il pouvoit eſperer de la *Polyſynodie*?

Comme il peut arriver que dans les Regnes futurs quelq[illegible] Favori, ou quelque Favorite voudra s'efforcer de rétablir en *France* le Gouvernement des Maires du Palais; & que quelqu'un de nos Rois futurs, faute de connoître ni ſes véritables interêts, ni les interêts de la Nation, pourroit un jour être tenté de renverser l'excellente forme de la *pluralité des Conseils* : J'ai crû qu'il étoit très-important pour le service de l'Etat, de mettre entre les mains des bons *François* un Discours approfondi, sur les grands avantages que leur Roi en doit tirer de son côté, & qu'ils en peuvent attendre du leur ; afin que l'opinion la plus saine puisse prendre des racines profondes dans tous les esprits, & qu'il soit ainsi plus facile aux gens de bien, de détourner alors par leurs conseils un coup, qui seroit si pernicieux pour la Nation, si dangereux pour le Roi lui-même, & si funeste un jour à la Maison Royale.

Ce Discours a deux Parties. La première contient en détail les avantages de la *Polysynodie* au des-

deſſus du *Viſirat* & du *Demi-Viſirat.* La ſeconde contient les Objections qui m'ont été faites, & les Eclairciſſemens qui m'ont paru propres, pour perfectionner la *Polyſynodie.*

Je déſire extrèmement que pour éclaircir la matière, quelqu'un écrive, non contre moi, car il ne faut point déſirer de diſputes perſonnelles, mais contre ce Mémoire. Je ſai bien que les Ouvrages de Politique ſont très-ſuſceptibles des ornemens de l'Eloquence, & qu'un Diſcours oratoire fait beaucoup d'impreſſion ſur le commun des eſprits; mais la méthode des Orateurs me ſemble plus propre à exciter les ſentimens & à fortifier les paſſions, qu'à faire naître des idées juſtes & préciſes, & qu'à augmenter la lumière du Lecteur

teur : Elle eſt beaucoup plus propre à perſuader le cœur par un arrangement délicat de peintures vives & animées, qu'à convaincre l'eſprit par un enchainement continuel de raiſonnemens juſtes & ſolides. Ainſi je m'en tiens à la ſorte d'Eloquence qui eſt propre aux Géometres, & à leur méthode qui eſt ſimple, & qui a une grande commodité : C'eſt que l'eſprit du Lecteur n'étant point ébloui par des images trop vives & trop ſéduiſantes, il lui eſt très-facile de démêler ſi la preuve de la propoſition n'eſt qu'un Sophiſme, ou ſi c'eſt une véritable démonſtration ; commodité qu'il ne trouve pas dans un Diſcours oratoire, où la preuve eſt ſi enveloppée d'images, & de figures, ſi mêlée de mauvais raiſonnemens, qu'à moins que

que d'en faire l'analiſe exacte, il eſt impoſſible d'en connoître la véritable force & la véritable valeur. Auſſi voit-on que la réputation de ces beaux Diſcours oratoires ne dure, que tant qu'il n'en paroît pas un plus beau par un Auteur, qui entreprendroit de prouver le contraire; au lieu qu'une vérité une fois bien démontrée demeure démontrée pour toûjours, & pour tous les Lecteurs.

Cette conſideration fait que je me trouve obligé de prier ceux, qui après avoir lû mon Ouvrage, ſoûtenant encore le ſiſtème du *Viſirat* ou du *Demi-Viſirat*, voudroient écrire contre la *Polyſynodie*, de ne ſe ſervir contre moi que de la même méthode, dont je me ſers contr'eux, & de ſe réſoudre

dre à combatre ainsi à armes égales, & à proceder non avec l'emphase des Déclamateurs, ni avec les traits fins d'une Satyre enjoüée & délicate, qui divertissent sans prouver; mais à proceder simplement & méthodiquement en divisant, en définissant, & par les termes vulgaires, mais nécessaires de *Primò* & de *Secundò*; afin que le Lecteur puisse plus commodément comparer leurs preuves aux miennes, ou si l'on veut, mes Objections aux leurs, enfin les avantages d'un système à un système contraire.

Au reste je ne regarde ce Discours que comme une ébauche. Je n'ai pas eu le loisir de l'abreger, ni d'en arranger les parties, comme je l'eusse désiré; mais les vûës principales s'y trouvent, & c'est assez pour les bons esprits, qui n'ont d'autres interêts dans cette question, que de voir la vérité bien démontrée.

PREMIERE

# PREMIERE PARTIE.

## *Avantages de la* POLYSYNODIE, *tant sur le* VISIRAT, *que sur le* DEMI-VISIRAT.

S'Il est vrai que d'un côté dans la *Polysynodie* il y ait un grand nombre d'avantages considerables pour le Roi & pour l'Etat, qui ne se trouvent ni dans le *Visirat*, ni dans le *Demi-Visirat*; & que de l'autre il n'y ait aucun avantage considerable ni dans le *Visirat*, ni dans le *Demi-Visirat*, qui ne se trouve dans la *Polysynodie*; il est évident que cette forme de Gouvernement est de beaucoup préferable aux deux autres. Or nous allons montrer qu'il y a beaucoup d'avantages dans la *Polysynodie*, qui ne se trouvent point dans le *Visirat*; & qu'il n'y en a point dans le *Visirat*, &c. qui ne se trouve dans la *Polysynodie*. Donc la *Polysynodie* est de beaucoup préferable. Voyons en détail ces avantages.

AVAN-

## AVANTAGE PREMIER.

*Les Résolutions de l'Etat seront moins souvent fondées sur des erreurs de fait, & par conséquent beaucoup moins fautives.*

Je suppose qu'il soit question de déliberer, si l'on entreprendra la Guerre contre un Souverain, si l'on conclura une Ligue avec un autre à certaines conditions; le bon ou le mauvais parti que le Monarque peut prendre, dépend de la connoissance d'un grand nombre de faits qui sont importans à la décision. Si celui qui fait le rapport de l'affaire, en ignore quelques-uns; s'il en suppose innocemment d'autres vrais, qui soient faux; s'il en cache artificieusement une partie; s'il déguise l'autre; s'il fait son rapport au Roi en particulier & sans témoins, & si le Roi ne peut connoître la vérité de ces faits, que par un semblable rapport; il a beau avoir l'esprit juste, il sera dans la nécessité de prendre sa résolution en sup-

ſuppoſant ce raport véritable: De ſorte que ſoit que le Miniſtre ou le Rapporteur ſoit trompeur, ſoit qu'il ſoit le premier trompé dans les faits qu'il rapporte; le Roi ſera trompé, & prendra le moins bon ou le plus mauvais parti par erreur de fait.

Qu'il ſoit queſtion de choiſir entre deux entrepriſes, quelle ſera la plus utile, & la moins de dépenſe; qu'il ſoit queſtion de choiſir entre les divers moyens de parvenir à un but; qu'il ſoit queſtion de choiſir les meilleurs Officiers Géneraux, les meilleurs Intendans, les meilleurs Négociateurs, &c. qu'il ſoit queſtion de choiſir entre diverſes manières de lever un ſubſide, &c. Enfin on peut dire que la plûpart des réſolutions que le Roi peut prendre pour le Gouvernement du Royaume, dépendent de la connoiſſance des faits. On peut dire même en géneral, que l'on ne prend guères d'opinions vraies ou fauſſes, qu'en ſuppoſant pour vrais des faits qui ſouvent ſont très-faux: Or dans ces circonſtances il eſt évident, que le Roi ne connoiſſant les faits déciſifs,

cisifs, que par un seul homme, qui lui parle sans témoins, sera nécessairement beaucoup plus souvent trompé, que si ce même homme parloit toûjours au Roi en présence de plusieurs personnes. 1°. Parce qu'il prendroit plus de soin de s'instruire mieux des faits, & de les rapporter avec exactitude, de peur d'être accusé d'une négligence honteuse. 2°. Parce qu'il craindroit d'être découvert, & condamné comme Prévaricateur, s'il les déguisoit avec artifice. 3°. Parce que supposant dans le Conseil huit ou dix hommes fort habiles & fort instruits, plusieurs d'entr'eux seront en état de montrer la fausseté de plusieurs des faits qu'il donnera innocemment pour vrais. 4°. Ces Conseillers de l'Etat seront même d'autant mieux instruits de ces faits, si chacun d'eux a été chargé tour à tour de la même espèce d'affaires, dont est chargé le Rapporteur, comme je le dirai bientôt.

Or comme la plûpart des résolutions des Conseils sont fondées sur la supposition de plusieurs faits, & comme il y aura dans les Opinans, qui s'éclairciront

ciront tous les jours les uns les autres, beaucoup moins d'erreurs de fait ; on peut dire que les Résolutions qui regardent le Gouvernement de l'Etat, seront beaucoup moins fautives, & que par conséquent l'on y prendra beaucoup plus souvent le meilleur parti, que l'on puisse prendre en chaque affaire.

Quand même le Rapporteur auroit un interêt secrèt de déguiser la vérité, il ne le tentera pas ; de peur de le tenter inutilement, & de paroître à l'assemblée suspect de dissimulation & de déguisement dans ses rapports : Ainsi les décisions des affaires souffriront beaucoup moins des erreurs de fait.

Comme il est extrèmement de l'interêt des *Visirs* & des *Demi-Visirs*, de demeurer toûjours maîtres des faits ; ils n'ont garde de lire au Roi les Dépêches qu'ils reçoivent soit des Intendans, soit des Commandans, soit des autres personnes ou publiques ou particulières des Provinces : Ils se contentent d'en lire des extraits conformes à leurs desseins ; & pour s'autoriser à ne don-

donner que des extraits, ils disent que la plûpart des dépêches sont excessivement longues & ennuyeuses, chargées de faits & de raisonnemens inutiles, & que le Roi n'a pas le loisir d'en entendre lire la dixième partie : Or il n'en sera pas ainsi dans la *Polysynodie*; chaque Conseil aura assez de loisir, pour faire lire publiquement toutes les dépêches importantes en entier; & ainsi la pernicieuse coûtume des extraits étant abolie, les résultats des Conseils ne seront plus si souvent fondez sur des erreurs de fait, où sur les déguisemens du *Visir*, ou du *Demi-Visir*, qui a très-souvent un interêt particulier opposé à l'interêt public. Premier Avantage de la *Polysynodie* sur le *Visirat*.

## AVANTAGE II.

### *Plus de lumières sur les expédiens.*

1°. Il y a beaucoup d'affaires, où il s'agit de trouver les meilleurs expédiens pour éviter, ou pour diminuer un un mal; pour procurer, ou pour augmenter un bien : Or n'est-il pas évident que dix personnes trouveront plus d'expédiens, les discuteront avec plus d'exactitude, & les choisiront avec plus de sûreté, en conferant les uns avec les autres, que ne feroit l'un d'entr'eux, sur tout si on les suppose à peu près également clairvoyans ? Et en supposant entr'eux cette presque-égalité de lumières, je ne suppose rien qui ne soit très-possible; & je montrerai ailleurs qu'il sera très facile au Roi, de choisir avec sûreté les meilleurs Esprits entre les bons: Or on peut dire que les meilleurs sont à peu près égaux, & si quelqu'un voit plus clair que son camarade dans une espèce d'affaires, ce camarade voit plus clair que lui dans une affaire d'une autre espèce.

2°. Comme on lira dans les Conseils les dépêches entières sur les affaires importantes, on y trouvera souvent des expédiens d'autant plus dignes d'attention, qu'ils seront proposez par ceux qui seront sur les lieux, & qui verront par conséquent les affaires de plus près.

3°. La contradiction dans les opinions est une des sources les plus fécondes de la lumière : Ceux qui sont contredits & piquez, cherchent de nouvelles preuves, & font pour y réüssir des efforts d'esprit, qu'ils ne feroient jamais autrement ; & souvent la vérité, ou du moins la démonstration de la vérité demeureroit cachée sans ces efforts : Or il n'y a point de suffisante contradiction qu'entre égaux ; un Monarque qui travaille seul avec un *Visir*, peut-il esperer de nouvelles lumières par la voye de la contradiction ? Je sai bien que le feu Roi tenoit quelquefois des Conseils, mais les Conseillers n'étoient pas entièrement libres ; ils dépendoient trop des principaux Ministres, & par conséquent ils n'avoient pas liberté entière de les contredire.

4°. Que dans un Conseil il se trouve un Esprit un peu plus élevé, un peu plus juste que les autres, il communiquera insensiblement sa manière de penser à ceux qui le suivront de près, & fera croître aussi leur esprit ; & ceux-ci devenus plus éclairez serviront quelque

que fois à leur tour à remettre cet esprit supérieur lui-même dans le droit chemin, lorsque faute d'attention il s'en sera égaré. Second avantage de la *Polysynodie* sur le *Visirat*, & sur le *Demi-Visirat*.

## AVANTAGE III.

### *L'interêt particulier s'opposera moins souvent à l'interêt public.*

Le but des déliberations du Conseil doit toûjours être *le plus grand interêt du Roi & de l'Etat*. Ce qui peut détourner de ce but celui qui opine, c'est quelque interêt particulier qui se trouve souvent opposé dans l'Opinant à l'interêt public : Or le Ministre qui opine sans témoins devant le Roi, peut facilement sur divers exposez falsifiez, sur divers prétextes plausibles, déterminer le Roi à une Guerre injuste & odieuse, ou à quelque entreprise incomparablement moins utile qu'une autre; & cela parce que ce Ministre y trou-

trouve ſes interêts particuliers. Nous n'avons eu que trop d'exemples dans le Regne précedent des maux, que l'interêt particulier des Miniſtres & leur jalouſie ont produits contre l'interêt du Roi & de l'Etat. Je ne cite aucun de ces exemples, parce que je ne veux déplaire à perſonne ſans néceſſité ; & qu'il n'eſt pas néceſſaire d'exemples pour voir qu'il eſt très naturel, & que rien n'eſt plus ordinaire qu'un Miniſtre ait des paſſions ; qu'il cherche, par exemple, à élever ſa Maiſon, qu'il aime ſes parens, ſes amis, qu'il haïſſe ſes ennemis, qu'il craigne & qu'il cherche à détruire ſes concurrens, & qu'il cherche d'autant plus à les détruire, qu'ils ſont plus en faveur, & qu'ils ont plus de talens & plus de réputation. Or qui ne ſait que tous ces interêts particuliers ſe rencontrent tous les jours en cent affaires ou particulières, ou génerales, directement opposez à la Juſtice & au Bien public.

Je ſai bien que les Conſeillers des Conſeils ſeront des hommes comme ces *Viſirs* & comme ces *Demi-Viſirs*, &

& qu'ils auront souvent des interêts particuliers opposez à l'interêt public: Je croi bien même que tel d'entr'eux préfereroit volontiers en opinant son interêt au bien de l'Etat, s'il le pouvoit aussi facilement & aussi impunément qu'un *Visir* ou un *Demi-Visir*, qui opine sans témoins; mais opinant dans une Assemblée, dans laquelle tous les Conseillers seront très clairvoyans, & n'auront pas pareil interêt particulier opposé au bien de l'Etat, il est visible qu'il entreprendroit inutilement de persuader les autres; & qu'en se rangeant du mauvais parti, il n'y gagneroit rien, que de se rendre suspect de corruption & d'infidelité: Il pourroit manquer à son devoir, s'il n'avoit point d'observateurs; mais il ne le tentera jamais, quand il aura de pareils observateurs: Il fera alors de nécessité vertu, & se fera même honneur de sacrifier publiquement à l'interêt public son interêt particulier. Ce sera à la vérité un hipocrite en fait de zèle pour la Patrie, mais ce sera une hipocrisie parfaite & constante: Or une imitation constante & parfaite de la Vertu aura dans cette occasion à peu près le même effet pour le bien de la Société, que la Vertu même; c'est qu'alors l'interêt de conserver sa réputation, qui est un interêt particulier très fort, le fera agir constamment pour l'interêt public : Et cette consideration, *Que l'homme agit très differemment, quand il a beaucoup de témoins clairvoyans juges de sa conduite, que quand il n'est vû, jugé, condamné de personne*, mettra toûjours une difference infinie entre le *Visirat* & le *Demi-Visirat* d'un côté, & la *Polysynodie* de l'autre, par rapport à l'interét du Roi, & au Bien de la Patrie, & sera toûjours un avantage inestimable de la *Polysynodie* sur toute autre forme de Gouvernement.

## AVANTAGE IV.

### *Excès dans les Subsides moins à craindre; Deniers publics plus utilement employez.*

1°. On peut voir les Taxes & les Sub-

Subſides portez à un excès inſupportable ; & cela moins par les véritables beſoins de l'Etat , que par une trop grande facilité du Prince à faire des dépenſes inutiles, & à créer des Penſions qu'il faut prendre ſur de pauvres familles, dont le travail ſoutient l'Etat : Or le Roi évitera de pareilles dépenſes, & ne donnera pas le quart de ces Penſions, s'il peut connoître par une voye ſûre l'extrème miſère où ces Penſions jettent la plus grande partie des Sujets ; & n'eſt il pas évident que tout un Conſeil craindra moins de donner au Roi une pareille connoiſſance, & la lui donnera plus facilement & plus hardiment, par les differens rapports ſimples des faits qui ſe feront devant lui , qu'un *Viſir* ou un *Demi-Viſir* flateur , qui craindroit même d'être chaſſé en faiſant de pareilles repreſentations ?

2°. Les *Viſirs* & les *Demi-Viſirs* , qui ont dans leur Département les Bâtimens, les Fêtes, les Extraordinaires de la Maiſon du Roi , peuvent beaucoup profiter en differentes manières dans ces dépenſes extraordinaires ;

 ainſi

ainsi ils n'ont garde de rien representer, qui puisse en détourner le Roi. Cependant il arrive que ces dépenses excessives en choses inutiles, mettent le Roi hors d'état de donner ordre dans la suite à des choses très nécessaires, & de la dernière importance pour son propre interêt. 3°. Les Conseillers du Conseil de Finance payent leur part des Subsides, & n'ont nulle part au proffit de la dépense: Ils seront donc plus *interessez* à donner au Roi la connoissance exacte de la misère des Peuples, que ne seront des *Demi-Visirs*.

4°. Il y a dans l'Etat des dépenses extraordinaires très utiles à faire, qui ne peuvent guères se faire que sur les Deniers, qui restent tous les ans après le courant des Charges & des Dettes ordinaires entièrement acquité: Or s'il y a un Conseil, où toutes les entreprises extraordinaires, où tous les établissemens nouveaux proposez soient mis par rang, selon le plus ou le moins d'utilité que le Roi & l'Etat en doivent attendre, le Roi instruit par ce Conseil du grand proffit qui lui reviendra

dra du projèt le plus utile, sera bien plus disposé à employer l'excedent des Deniers publics à cet établissement avantageux, qu'à les employer à des dépenses inutiles; de sorte que l'on peut dire que la *Polysynodie* est bien plus propre que le *Visirat* & le *Demi-Visirat* à entretenir la liaison sacrée, qui doit toûjours être entre les projets de celui qui gouverne, & les interêts de ceux qui sont gouvernez; & que par conséquent l'excès des Subsides sera moins à craindre, & que les Deniers publics seront plus utilement employez.

## AVANTAGE V.

### *Il se fera plus de Reglemens & plus d'Etablissemens utiles.*

Dans le *Visirat* & dans le *Demi-Visirat*, il se propose souvent des Reglemens & des Etablissemens très désirables pour l'Etat; mais comme les *Visirs* & les *Demi-Visirs* sont surchargez des affaires courantes & pressées, ils n'ont pas assez le loisir pour considerer mûrement tous les motifs d'une proposition nouvelle, pour en balancer scrupuleusement tous les avantages contre les desavantages, & pour en examiner attentivement les moyens de l'exécuter. Ce loisir, qui est absolument nécessaire pour cet examen, n'est point en leur pouvoir; au lieu que dans la *Polysynodie* les affaires courantes & ordinaires étant partagées à soixante Ministres, chacun d'eux a vingt fois, trente fois plus de loisir à donner à l'examen des propositions nouvelles.

2°. Un *Visir*, ou un *Demi-Visir*, a souvent un interêt secrèt pour s'opposer à un bon Reglement, à un bon Etablissement: Or dans la *Polysynodie* si une entreprise salutaire n'est pas proposée par un des Membres, qui a un interêt secrèt de ne la pas proposer, elle pourra être proposée par un autre, qui n'aura point de pareil interêt; & tel qui n'auroit point voulu se charger de la proposition, n'osera s'y opposer en plein Conseil, de peur d'être soupçonçonné de préferer honteusement un leger interêt particulier à un grand interêt public.

3°. Souvent un *Visir*, ou un *Demi-Visir*, rejette un bon Reglement, un bon Etablissement par des préjugez mal fondez; & ces préjugez arrêtent tout, parce qu'il n'est permis à personne de les combattre avec force : Or dans un Conseil où les Conseillers *seront indépendans les uns des autres*, ces préjugez mal fondez sont discutez, & examinez avec liberté; ils sont éclaircis peu à peu, & cessent enfin d'être obstacle aux bons Reglemens.

4°. Souvent un *Demi-Visir* s'oppose par jalousie à un bon Reglement, à un bon Etablissement que propose son Concurrent; de peur que ce Concurrent n'en retire beaucoup d'honneur par le succès, en procurant à l'Etat beaucoup d'utilité: Or dans la *Polysynodie* celui, qui par pure jalousie, & sans en avoir de bonnes raisons, s'opposeroit à un bon Reglement, à un bon Etablissement, craindroit que sa jalousie ne fut découverte en plein

Conseil, & ne s'y opposera pas ouvertement, quand il verra que la pluralité des suffrages ne lui sera pas favorable, & que son opposition ne lui pourroit attirer que du blâme.

5°. Il peut arriver qu'il y ait des Reglemens & des Etablissemens très utiles, qui demandent encore plus de discussion & de loisir, que n'en ont les Membres de differens Conseils ; mais le Régent y a sagement pourvû par le nouvel Etablissement du Bureau de l'*Examen des Mémoires Politiques* ; sur tout lorsque cet établissement aura atteint la perfection, que l'on peut aisément lui donner. J'en propose les moyens dans les Discours de *l'Importance du Progrès de la Politique* : Or il n'est pas difficile de comprendre qu'un pareil Bureau ne seroit jamais proposé ni agréé par aucun *Visir*, ni par aucun *Demi-Visir* ; & qu'un pareil Etablissement ne peut se former que dans la *Polysynodie*.

On peut donc conclure de tout ceci que cette forme de Gouvernement produira beaucoup plus de Reglemens

&

& d'Etabliſſemens utiles, que ne peut jamais faire ni le *Viſirat*, ni le *Demi-Viſirat*, ce qui eſt un prodigieux avantage.

## AVANTAGE VI.

### *Les Rois ſeront plus inſtruits de leurs affaires.*

Un *Viſir*, un *Demi-Viſir* pour avoir plus d'autorité, & pour tirer plus de gloire de leur Gouvernement, ont grand interêt que leur Roi ne connoiſſe point les affaires de l'Etat, qui ſont ſes propres affaires, & qu'il a interêt de rendre tous les jours meilleurs; ils ont grand interêt qu'il ſe livre tout entier à ſes amuſemens à ſes plaiſirs; & perſonne n'ignore que les *Viſirs* du ſiecle paſſé n'ont pas manqué, & que les *Viſirs* futurs ne manqueront jamais à ſuivre de ce côté-là leur interêt particulier. Cependant chacun ſait combien les affaires publiques ſouffrent de l'ignorance & de la fainéantiſe du Monarque; & combien il en ſouffre lui même

même, soit par la grande dépendance où il se met, soit par le peu de considération où il est dans les Païs étrangers & dans son propre Etat; car enfin on peut dire avec fondement que le *Visir* qui gouverne, ne sauroit jamais augmenter sa gloire & son autorité, qu'aux dépens de la gloire & de l'autorité de celui qui devroit gouverner.

C'est tout le contraire dans la *Polysynodie*: Les Conseillers des divers Conseils ont tous grand interêt que le Roi y assiste souvent, parce que chacun d'eux cherche à en être distingué; ils l'inviteront donc souvent d'y assister: Or il ne sauroit y assister souvent sans s'instruire; il s'instruira donc davantage, ses affaires en iront mieux, & son peuple en sera plus heureux.

## AVANTAGE VII.

*On aura moins de facilité à tromper le Roi, pour le faire agir contre ses propres interêts.*

Ces différens Conseils n'empêcheront

ront pas le Roi de faire tout ce qu'il voudra, mais ils le préſerveront ſouvent de vouloir des choſes, qui ſeroient fort nuiſibles à ſa réputation & à ſon plus grand bonheur ; c'eſt qu'ils porteront ſans ceſſe le flambeau de la vérité devant lui, pour lui aider à prenle meilleur chemin, à choiſir le meilleur parti, & pour l'empêcher à force de lumières, de tomber dans les pièges que lui tendent ſans ceſſe des gens intereſſez à le tromper : L'habitude qu'il aura de mettre en déliberation, & de renvoyer à quelque Conſeil toutes les demandes, toutes les propoſitions qui regardent l'Etat, l'empêchera de faire à beaucoup près, autant d'injuſtices involontaires dans la diſtribution des recompenſes de l'Etat, & de s'embarquer dans ces entrepriſes témeraires & pernicieuſes, où s'embarquent les Rois qui conſultent rarement les lumières de leurs Conſeillers.

AVAN-

## AVANTAGE VIII.

*Le* Visirat *ni le* Demi-Visirat *ne peuvent se perfectionner, au lieu que la* Polysynodie *peut se perfectionner tous les jours.*

1°. Un *Visir* habile & vertueux peut succeder à un *Visir* malhabile & vicieux, mais le *Visirat* ne se perfectionne pas pour cela. Ce *Visir* vertueux fera des Reglemens sages, & des Etablissemens utiles; mais son Successeur corrompu renversera, pour un petit interêt particulier, ce que son Prédecesseur avoit sagement établi pour l'interêt public.

2°. La plûpart des Etablissemens les plus utiles coûtent d'abord, & ne doivent rapporter leur proffit que long tems après: Il faut faire la dépense de labourer, de semer, pour recuëillir le tems de la récolte: Or un *Visir* successeur, qui ne voit dans un pareil Etablissement aucune gloire pour lui, mais

mais au contraire beaucoup de gloire pour un prédecesseur, dont il a interêt de diminuer la réputation, songera bien plus à le renverser qu'à le proteger. Il seroit aisé de citer ici des exemples; mais la chose se prouve d'elle même, & il ne faut pas déplaire sans nécessité aux Héritiers innocens de *Visirs* coupables: Que si j'en ai usé autrement dans quelques autres endroits, c'est que pour montrer une vérité très importante au bien des vivans, j'ai été forcé de passer par-dessus quelques legers interêts de quelques particuliers morts.

3°. Un *Visir* qui aimera la Guerre, succedera à un *Visir* qui aimoit les Arts, le Commerce, les Manufactures, la Police interieure de l'État, & tous les avantages que produit la Paix. Il doit arriver alors, même sans aucune jalousie de réputation, que tous les Etablissemens du prédecesseur seront négligez, détruits; & que tous les Etablissemens, qui regardent la Guerre, seront augmentez & favorisez: C'est que dans le *Visirat* les *Visirs* sont mortels

tels, les hommes se succedent, mais les maximes ne se succedent point; au lieu que dans les Compagnies de la *Polysynodie* il se forme sans y penser certaines maximes, tant par l'évidence des raisons, que par le succès des expériences; maximes qui se succedent par tradition, & qui se sucent peu à peu par ceux qui entrent dans ces Compagnies, elles se transmettent des vieux aux jeunes, & deviennent aussi durables que la Compagnie même. Ainsi on peut dire que malgré la mort des hommes les bonnes maximes deviennent immortelles; & que les mauvaises maximes perdent peu à peu de leur crédit, par la simple comparaison que l'on en fait journellement avec les bonnes.

4°. Non seulement les bonnes maximes demeurent fermes, & les mauvaises se détruisent; mais les Compagnies inventent tous les jours quelque chose de nouveau, soit pour rendre le travail de la Compagnie plus facile & plus utile, soit pour avoir des informations plus précises, & mieux circonstanciées des

des Intendans, & des autres Officiers employez dans les Provinces; soit pour diminuer par des Reglemens ou plus clairs, ou plus étendus, le nombre d'affaires qui se présentent à ce Conseil; soit pour expédier les affaires plus promtement. Or dans un Conseil immortel on a cet avantage, que ce qui a été une fois inventé de bon, & éprouvé par l'experience, y subsiste toûjours. Et c'est ainsi qu'il est impossible que la *Polysynodie* ne se perfectionne pas tous les jours; au lieu que le *Visirat* & le *Demi-Visirat* peuvent autant empirer tous les jours, que se perfectionner: Ce qui est un avantage immense d'une forme de Gouvernement sur l'autre.

## AVANTAGE IX.

### *Moins d'injustices & de vexations de la part des plus forts.*

1°. Le Gouvernement le plus désirable est celui, où le Trône est plus accessible à la Vérité & à la Justice en faveur des plus foibles, qui se croyent op-

opprimez & vexez par les plus forts. La vexation, l'oppreſſion chaſſent du Royaume les anciens Sujets ; au lieu que la juſtice & la protection des foibles y en attirent de nouveaux : Or n'eſt-il pàs viſible qu'en augmentant le nombre des Miniſtres, on augmentera cette *acceſſibilité* ſi déſirée par les Sujets?

Il eſt vrai que dans un Païs, où l'on écoute plus facilement les plaintes qu'ailleurs, il y a plus ſouvent des plaintes mal fondées, qui ſont elles-mêmes de petites injuſtices ; mais on m'avouëra auſſi qu'il y a dans ce même Païs beaucoup moins de vexations & de grandes injuſtices, que par tout ailleurs: Ce qui eſt un point eſſentiel au bon Gouvernement.

2°. Les plus forts, les plus puiſſans d'un Etat, ce ſont ordinairement les Miniſtres. Il y a eu dans les Regnes précedens des vexations & des perſécutions de leur part, parce qu'il n'y avoit point de protecteurs aſſez zèlez ou aſſez puiſſans, pour oſer ſe mêler de proteger la Juſtice contre de pareils perſécuteurs : Mais heureuſement par

par la pluralité des Conſeils, il y a beaucoup de Miniſtres aſſez puiſſans, & qui n'ont rien à craindre en protégeant la juſtice ; ainſi elle ſera beaucoup plus protegée. Et comme un Miniſtre colère & vindicatif peut craindre la protection, que ſes Collègues donneroient à ceux qu'il voudroit perdre, il retiendra plus ſouvent ſa colère & ſes reſſentimens, que ne feroit un un *Viſir* ou un *Demi-Viſir* ; ainſi il y aura beaucoup moins de vexations & d'injuſtices criantes dans la *Polyſynodie*, que dans le *Viſirat* & dans le *Demi-Viſirat*. Autre Avantage conſiderable.

## AVANTAGE X.

*Plus de Gens de Qualité s'appliqueront, & avec plus de ſuccès, aux affaires du Gouvernement.*

1°. Les *Viſirs* & les *Demi-Viſirs* ont grand interêt de ne pas mettre dans les Bureaux des Gens de Qualité, qui pour-

pourroient dans la suite les supplanter par leurs talens & par leurs amis, ou du moins leur succeder au préjudice des enfans de ces *Demi-Visirs*; il est donc naturel qu'ils y placent des personnes de peu de naissance: Et il arrive même que les Gentilshommes, à qui on offriroit ces Places, les refuseroient souvent; non par la bassesse de l'Emploi, qui est en soi très important, & très noble par rapport au service du Roi & de l'Etat, & qui demande beaucoup d'intelligence, & beaucoup d'honneur & de probité; mais par la répugnance qu'ils auroient de n'avoir pour camarades, que des gens considerez dans le monde comme d'honnêtes Valets entièrement dévoüez, non au Roi, non à l'Etat, mais à leurs Maîtres.

Il ne faut donc pas s'attendre que la Noblesse ait beaucoup de part au Gouvernement dans le *Visirat* ou dans le *Demi-Visirat*. Cependant on sait que c'est dans ce Corps où l'on trouve plus d'honneur, plus de fidelité pour le Roi, plus d'amour pour la Patrie, plus

plus de grands génies, plus d'éducation, plus de grands sentimens, plus d'inclination pour la Vertu, & plus de qualitez propres à faire respecter & aimer le Ministère. Or dans la *Polysynodie* il y a beaucoup de places très-considerables, que peuvent occuper les gens de condition : Ainsi il y aura beaucoup plus d'émulation entr'eux, pour mériter un jour par leurs talens & par leur application aux affaires publiques, quelques Places dans les Conseils, qu'il n'y en peut jamais avoir dans le *Visirat*, ni dans le *Demi-Visirat*; & cette émulation va devenir très avantageuse pour le Roi & pour ses Sujets.

20. Il y avoit un grand inconvenient dans les Regnes précedens, pour ceux qui vouloient étudier avec succès les affaires publiques; ils ne trouvoient que très-difficilement les Mémoires, propres à les mettre bien au fait d'une matière: Mais le Régent y a pourvû par l'établissement du Bureau de *l'Examen des Mémoires Politiques*, dont j'ai déja parlé; ce Bureau pourra faire imprimer de tems en tems sur chaque

matière plusieurs bons Mémoires. Il demeure donc constant, qu'il y aura un beaucoup plus grand nombre de gens de condition, qui s'appliqueront avec succès à la connoissance des affaires publiques, au grand avantage du Roi & du Royaume.

## AVANTAGE XI.

*Les differens dégrez de vertu & de talens en chaque Profession seront plus faciles à reconnoître.*

Il est de la dernière importance pour la force, l'abondance, & la prosperité d'un Etat, que tous les Sujets chacun dans son Art, dans son Métier, dans sa Profession, dans sa Classe, dans sa Compagnie, travaille continuellement à l'envi l'un de l'autre à surpasser ses pareils. Je tâcherai de donner ailleurs une idée du prodigieux effêt de cette émulation génerale; mais quant à présent il me suffit de faire observer, que l'obstacle le plus

plus grand qui se rencontre à l'émulation du travail, c'est que les différens dégrez de vertu & de talens utiles à l'Etat, sont très difficiles à connoître *exactement*, par ceux qui ont l'autorité de distribuer les Places & les Emplois: Je dis *exactement*, car quand il y a cent dégrez de difference, les moins clairvoyans apperçoivent quelque difference; mais il faut être fort clairvoyant, quand la difference n'est que de deux dégrez sur cent, pour l'appercevoir.

Cependant, c'est cette connoissance *exacte* qui doit être le fondement de la justice *exacte*, que l'on doit rendre aux talens & à la vertu des Concurrens; & c'est cette justice *exacte*, qui allumera & qui entretiendra dans chacun le désir *vif & constant*, de faire plus que son camarade: Ce qui est de la dernière importance, pour le bien du service.

Mais qui peut connoître plus exactement ces différens dégrez, que les pareils, qui ont à vivre, à converser, à conferer, à déliberer, à agir ensemble pendant quelques années? Chacun dans ce tems-là mesure ses camarades, & dans une Classe composée de trente, chacun se forme bientôt l'idée des trois qui surpassent les autres ; & cette balance qui se fait dans l'esprit, presque sans y penser, se feroit bien plus exactement, si chacun étoit obligé de nommer tous les ans les trois, qu'il croit les plus dignes de monter.

Or cet Etablissement, qui va à former des Classes dans les mêmes Professions, dans les mêmes Métiers, & d'en faire porter tous les ans le Scrutin au Roi ; cet Etablissement, dont je ne donne ici qu'une idée grossière, qui pourroit tous les jours se perfectionner, & qui obligeroit chacun des Concurrens à employer leur tems, non à chercher des Patrons & à acheter des recommandations, mais à chercher par son travail de nouvelles lumières : Cet Etablissement si important est absolument impossible dans le *Visirat* & dans le *Demi-Visirat* ; parce que les Ministres ont trop d'interêt que le Roi ne juge de la probité, de l'application, du talent de chaque Sujet, que sur

sur

ſur leur rapport ; au lieu qu'il ſera très facile à former dans la *Polyſynodie* : Ce qui met entre ces formes de Gouvernement une difference infinie.

## AVANTAGE XII.

### *Plus d'amour pour la Patrie.*

Il eſt certain, que ſi l'on trouvoit le ſecrèt de diſtribuer les Emplois, les Honneurs, & les autres recompenſes, ſans égard pour les recommandations ; mais ſeulement à proportion que chacun des Prétendans eſt affectionné au bien de la Patrie, à proportion qu'il s'y applique, & à proportion qu'il a des talens ou naturels ou acquis pour ſa Profeſſion ; non ſeulement chacun s'appliqueroit beaucoup davantage à ſon Mètier, mais il arriveroit encore que chacun ſe piqueroit à l'envi d'amour pour la Patrie, & l'on verroit alors beaucoup d'excellens Sujets préferer ſouvent l'interêt du ſervice, l'interêt public à leurs interêts particuliers : C'eſt que la ré-

réputation de bon Citoyen devient ſouvent utile à celui qui l'a acquiſe, & que quand elle ne procureroit pas les premières Places, elle ſerviroit toûjours à diſtinguer un homme parmi ſes pareils; & ſur tout à le faire aimer par les bons Citoyens, qui ſeroient alors en beaucoup plus grand nombre, qu'ils ne ſont aujourdhui; & une pareille diſtinction ne ſeroit pas une médiocre recompenſe de ſa vertu.

On voit aſſez d'un côté, combien l'augmentation de l'amour de la Patrie ſeroit utile au Roi, & à l'Etat; & de l'autre, il n'eſt que trop vrai que cette vertu eſt devenuë fort rare ſous le *Viſirat*, & ſous le *Demi-Viſirat*. J'ai vû, par exemple, un excellent Eloge hiſtorique de feu Monſieur le Maréchal de *Vauban*, & j'ai vû à la honte de la Nation & de nos mœurs, que l'Auteur le loüoit fort d'avoir aimé ſa Patrie.

Le fondement de cette loüange eſt très réel, c'eſt que les Courtiſans habiles ayant appris par leur longue experience, que l'on plaiſoit au Roi, que l'on l'on acqueroit ſûrement ſon eſtime, que l'on s'attiroit beaucoup de graces, que l'on faiſoit ſûrement ſa fortune, en ſe déclarant hautement & promptement pour toutes ſes entrepriſes & pour tous ſes projets; ils donnoient impétueuſement dans toutes ſes fantaiſies, ſans ſe ſoucier ni de ſes vrais interêts, ni des interêts de la Patrie.

Or pour entreprendre de réſiſter à ce torrent impétueux de la flaterie, pour détromper le Roi, pour le remettre dans le chemin de la Verité & de la Juſtice; il falloit riſquer de lui déplaire, il falloit riſquer toutes ſes eſperances tant pour ſoi, que pour ſa famille: Et cette entrepriſe n'étoit-elle pas réellement héroïque, & ne méritoit-elle pas réellement de grandes loüanges?

Ce prodigieux nombre de flateurs occupez à déguiſer continuellement la vérité au Roi, étoit le malheureux effèt de l'opinion que le Roi avoit, que pour la diſtribution des Emplois & des recompenſes, il n'étoit pas néceſſaire de conſulter le choix des pareils; opinion la plus dangereuſe que puiſſent inſpirer

 les

les *Visirs*. Or la *Polysynodie* étant perfectionnée, le Roi écoutera la voix des pareils, dans la distribution des Emplois & des recompenses; & ce seul article retranchant de la Cour un nombre infini d'empoisonneurs, très corrompus & très dangereux, les mêmes Courtisans pourront devenir par leur interêt d'excellens Citoyens, chacun d'eux pour s'avancer travaillera à l'envi, pour les vrais interêts du Roi & de la Patrie. Ainsi l'amour de la Patrie ne sera plus une vertu si rare, & elle sera d'autant plus pratiquée, qu'elle sera plus souvent remarquée, & plus souvent recompensée par le Roi-même.

## AVANTAGE XIII.

### *Grades dans le Ministère comme dans l'Epée.*

Il n'y a personne qui ne voye, de quelle utilité il est au Roi & à l'Etat, d'avoir établi différens grades dans l'Epée; je veux dire dans les Emplois de Guer-

Guerre, soit sur terre, soit sur mer. On apprend bien mieux le Métier, en passant par tous les grades ; L'émulation se met entre ceux du même grade, à qui s'y distinguera par son assiduité, par son application, par ses talens, par son courage, par son obéïssance exacte à la discipline : Je croi même qu'il n'y a pas encore assez de grades dans l'Epée pour un aussi grand Royaume, & pour un aussi grand nombre d'Officiers.

C'est l'esperance de monter au grade supérieur, qui fait surmonter les peines, les incommoditez, les ennuis du Poste où l'on se trouve : Ce sont ces grades, qui font que la perte d'un bon Officier est bientôt réparée par un autre, d'un mérite souvent supérieur : C'est cette esperance qui donne une émulation, un ardeur pour la distinction, qui inspire & aux Officiers & aux Soldats le courage nécessaire pour vaincre. Or diminuer cette esperance par la vénalité, par les survivances, par les Brevets de retenuë, par les recommandations de la Cour ; c'est diminuer conſidérablement le principal reſſort de l Etat

Un Colonel commande à un Capitaine plus riche & de meilleure Maiſon que lui, & le Capitaine obéït ſans peine ; le Brigadier commande de même au Colonel, chacun obéït de bonne grace, dans l'eſperance de commander à ſon tour ; & le ſervice de la Patrie ſe fait à merveille. Chaque Enſeigne, chaque Lieutenant peut eſperer de parvenir au grade ſuprême de Maréchal de *France* ; & c'eſt l'eſperance de ce grade ſuprême, où chacun peut arriver par dégrez, qui fait le grand reſſort de la machine ; & ce reſſort ne s'affoiblit qu'à meſure que la vénalité, les ſurvivances, les Brevets de retenuë, la recommandation empiètent ſur la valeur, ſur l'application, ſur les talens, en un mot ſur les qualitez utiles au ſervice du Roi & de la Patrie.

S'il faut remplacer un Maréchal de *France*, vous pouvez facilement trouver un excellent ſujèt parmi les Lieutenans-Géneraux, vous pouvez facilement les choiſir parmi les Maréchaux de de Camp les plus estimez : Ce grade inférieur sert comme de pépinière perpetuelle de bons sujets pour le grade supérieur.

Ces grands avantages qui reviennent à l'Etat des différens grades établis dans l'Epée, sautent aux yeux de tout le monde ; chacun se demande pourquoi n'en établir pas de même dans le Ministère ? Est-ce donc que le bon ou mauvais Ministère est moins important à la gloire du Roi & au bonheur de ses Sujets, que la bonne ou mauvaise discipline Militaire ? Est-ce que l'émulation de probité, de travail, de politesse, de douceur, de zèle pour le bien public, ne seroit pas aussi importante dans le Ministère, que l'émulation de courage, de fermeté, de patience, d'exacte obéïssance, est importante à la Guerre? Rien moins : La seule cause de cette différence, c'est que l'Interêt des *Visirs* & des *Demi-Visirs*, qui nous ont gouverné jusques ici, étoit directement opposé à un Etablissement si désirable ; non seulement ils auroient été éclairez dans leur conduite, par des témoins

moins dangereux & de meilleure Maison qu'eux ; mais ils auroient craint perpetuellement d'être obligez de céder leur Place, à ceux qui se seroient distinguez dans les premiers grades ; au lieu que n'employant pour Subalternes que des gens sans naissance, ils pouvoient les renvoyer sur le moindre prétexte, dès qu'ils leur faisoient le moindre ombrage.

Aucun Gentilhomme même riche ne dédaignera d'être ou Secretaire en chef, ou même Secretaire en second d'un Conseiller de l'Etat, ou Secretaire ou Subdelegué d'un Intendant &c. dès que ces Places seront regardées, comme des grades pour monter aux premières Places du Ministère ; de la même manière que Lieutenant & Capitaine sont regardez, comme des grades nécessaires pour monter aux premiers honneurs de la Guerre.

Il y a parmi la Noblesse des sujets qui ont les qualitez propres à réüssir dans les Emplois du Ministère, qui n'ont pas la santé, ni les autres qualitez nécessaires pour le Métier de l'Epée.

Les

Les familles s'en soûtiendroient mieux, quand quelques uns des Membres prendroient, l'un le parti du Ministère, l'autre le parti de l'Epée.

Je ne parle point ici de la forme que l'on peut donner à un Etablissement qui seroit si utile ; j'en parle dans le Mémoire sur *le progrès de la Politique* : Il me suffit de faire remarquer que cet Etablissement si salutaire étoit absolument impossible sous le *Visirat*, & sous le *Demi-Visirat* ; au lieu qu'il n'est que difficile dans le Sistème de la *Polysynodie* : Or cette difference ne se peut assez estimer.

## AVANTAGE XIV.

### *Les Départemens pourront circuler.*

Cette vûë de faire circuler les Départemens entre les Conseillers d'un même Conseil est dûë au Régent : Je l'ai lûë avec plaisir dans les Reglemens du Conseil de Finance. Je sai bien qu'il peut y avoir certains cas, où cette circulation paroîtra peu utile ; d'autres où elle n'eſt pas facile à pratiquer, & d'autres où elle n'eſt peut-être pas praticable dans la *Polyſynodie.* Mais elle n'eſt praticable dans aucun cas dans le *Viſirat*, ni dans le *Demi-Viſirat.* Cependant on va voir que l'on peut tirer de cette circulation beaucoup de différentes utilitez.

1°. Il y a beaucoup de malverſations importantes qui peuvent ſe commettre par les Commis, je ne dis pas du Conſeil, mais par les Commis, ou les Secretaires des Conſeillers de l'Etat : Or ces Commis craignant d'être découverts par leurs ſucceſſeurs, s'abſtiendroient de la plûpart de ces malverſations, & ſur tout de celles qui ſeroient importantes & puniſſables : Cette conſideration montre, qu'il eſt à propos, que les Secretaires ſuivent leurs Maîtres. Ce n'eſt pas un obſtacle invincible, & il ſuffira pour mettre plus facilement le ſucceſſeur au fait des affaires, qu'il travaille avec les Secretaires Principaux, ou avec le Secretaire Principal de ſon prédeceſſeur, pendant les premières ſe-

mai-

maines du déplacement; & afin que les affaires souffrent moins de ces changemens, on peut les faire dans les tems destinez aux Vacances de chaque Conseil.

2°. Non seulement les Commis en auront plus d'attention sur leur conduite, mais les Conseillers de l'Etat en auront aussi sur la conduite de leurs Commis; c'est que dans le monde on regarde comme un négligence honteuse, & comme un manque de discernement reprochable, d'employer des fripons dans les affaires publiques. D'ailleurs on sait que les Maîtres qui ont eu le malheur de donner leur confiance à de pareils Commis, ne se purgent jamais bien envers le monde malin, du soupçon d'avoir proffité eux ou leur famille, soit directement, soit indirectement, de ces malversations.

3°. Non seuleulement il y aura beaucoup moins de malversations de la part des Commis, mais il y aura beaucoup moins de négligence de la part des Maîtres; c'est qu'il n'y a personne qui n'agisse avec plus de circonspection pour ne ne point faire de fautes, quand il doit avoir un succeſſeur qui pourra facilement s'en appercevoir, & à qui il faudra, pour ainſi dire, rendre compte, que lors qu'il regarde ſon emploi, ſon département, comme fixe & permanent.

4°. Il eſt certain que le ſucceſſeur par émulation voudra ſurpaſſer ſon prédeceſſeur : La plus ſûre manière de comparer deux hommes, c'eſt de leur donner le même ouvrage à faire ; par là on remarque bien-tôt la différence de leurs talens & de leur génie : Or l'on ſait que l'émulation pique encore plus les hommes de mérite, que l'eſpoir de la recompenſe.

5°. Il y a des affaires importantes, qu'un Conſeiller de l'Etat négligeroit toute ſa vie, ſoit par des Préjugez mal fondez, ſoit à cauſe des difficultez qui lui paroiſſent plus grandes qu'elles ne ſont en effet, ſoit même par la conſidération de quelque interêt particulier: Or le ſucceſſeur, qui ſera au moins prévenu, ou plus éclairé, ou plus intereſſé, ou plus laborieux, ne pourra-t-il pas

les

les entreprendre, & les faire réüssir à l'avantage du Public?

6°. Chaque Conseiller de l'Etat ayant changé plusieurs fois de Département, & manié pendant plusieurs années plusieurs espèces d'affaires, se trouvera suffisamment instruit sur toutes celles qui se proposeront au Conseil, & sera bien plus en état de prendre par lui-même le meilleur parti, & de le montrer aux autres, que s'il n'avoit qu'une connoissance moins claire, moins exacte, de la sorte d'affaire, sur laquelle il s'agit alors de déliberer.

7°. Il y a souvent sur la même affaire diversité d'opinions dans un Conseil: Il arrive même quelquefois au préjudice de l'Etat, que le plus grand nombre se trouve pour le moins bon parti; d'où vient cette diversité d'opinions? Si l'on suppose dans chacun des Opinans *égalité de zèle* pour le bien public & pour la justice, il est visible que cette diversité ne peut venir que de l'*inégalité de lumières*, les uns voyant plus clair dans l'affaire, les autres moins clair, parce qu'ils n'ont pas la même experien-

ce

ce des mêmes eſpèces d'affaires : Or par la circulation des Départemens, & par l'étude particulière que chaque Conſeiller aura faite de toutes les eſpèces d'affaires qui regardent ce Conſeil, les Opinans ayant alors à peu près la même expérience des mêmes affaires, ſe trouveront tous à peu près au même point de vûë, par rapport à toutes les affaires ; ainſi le plus grand nombre ſe trouvera encore plus rarement du mauvais parti.

8°. Qu'un eſprit d'ordre & de méthode, qu'un eſprit ſupérieur aux autres paſſe deux ans dans un département, il en connoîtra ſuffiſamment toutes les affaires, & laiſſera, ſans y penſer, à ſon ſucceſſeur dans ſes Mémoires, dans ſes Régîtres, dans la forme de ſes Audiences, dans le travail de ſes Commis un arrangement, une netteté, qui ſans un pareil ſecours n'auroient jamais paſſé à ce ſucceſſeur. Un eſprit ſupérieur porte facilement tout ce qui ſe préſente à décider juſqu'aux premiers principes, juſqu'aux premières regles de déciſions : Il voit dans chaque matière les ſources & les remèdes des abus. Or n'eſt-

il

il pas visible qu'il est bien plus utile à l'Etat que cet esprit d'arrangement, de méthode, de principes & de regles, qui abrege infiniment le nombre & les difficultez des affaires, & qui peut donner les moyens de prévenir les abus, circule dans tous les divers départemens, & porte ainsi la lumière dans toutes les espèces d'affaires de ce Conseil, que s'il restoit toûjours dans le même département.

9°. L'esprit exerce bien davantage ses forces par l'étude d'une nouvelle espèce d'affaires, que s'il restoit toûjours occupé de la même espèce: Il a besoin d'une nouvelle attention pour se mettre bien au fait, & pour bien entrer dans le principe de la nouvelle espèce; au lieu qu'il agit souvent sans attention, sans contention, mais seulement par habitude & par routine dans le maniement des affaires qui lui sont ordinaires: Or qui ne sait que l'attention est à l'esprit, ce que l'exercice est au corps; & que c'est l'attention nouvelle qui augmente la force de l'esprit, & qui le rend tous les jours plus juste, en lui donnant les moyens de voir les objets

ou

proches ou éloignez avec plus de clarté & de distinction ? Ainsi on peut dire que chaque Conseiller de l'Etat en revenant après quelques années de circulation à son premier département, se trouvera plus en état de s'en mieux acquiter pour l'utilité publique, que s'il n'en avoit point du tout changé.

Si je suppose qu'en deux ans d'étude & d'application, un homme d'esprit connoîtra à fonds toutes les espèces d'affaires de son département ; & que s'il y a dix départemens dans ce Conseil, il peut connoître à fonds toutes les affaires de ces départemens en vingt ans d'étude & de pratique, tant par ses propres lumières, que par les lumières de ceux qui y rapporteront, & qui y opineront : Je ne suppose rien dont tout le monde ne convienne.

Je ne dis pas que s'il fût demeuré dans le même département, il n'eût acquis plus *de facilité à travailler* sur les affaires qui en dépendent : Il est sans doute que l'habitude donne de *la facilité au travail* ; mais je dis qu'il eût eu l'esprit plus borné, & qu'il n'eut pas acquis une ne connoissance si exacte *des rapports*, que ces affaires ont avec les affaires des autres départemens. C'est cependant la connoissance exacte de *ces rapports*, qui sert à juger par des principes élevez & avec plus de sûreté, de ce qui est plus ou moins avantageux à l'Etat. Or pour le bien public ne vaut-il pas mieux que le Conseiller de l'Etat décide avec *plus de justesse & de sûreté* dans toutes espèces d'affaires, & qu'il travaille *avec un peu moins de facilité* dans une seule espèce?

10. Il y a beaucoup d'affaires importantes, où il est question de trouver & de comparer les moyens les plus propres, pour procurer certains biens à l'Etat, de trouver & de comparer les remèdes les plus efficaces, pour faire cesser & pour éloigner certains maux: Or n'est-il pas visible qu'un esprit exercé en diverses espèces d'affaires, & qui aura eu le loisir de s'en instruire à fonds, aura bien plus d'ouverture pour inventer les bons moyens, & plus de discernement pour juger des meilleurs, que s'il étoit borné à une espèce d'affaire?

11°. Quand

11°. Quand dans les assemblées il y a des voix qui sont dépendantes, ou qui ne sont pas entièrement libres, elles ne sont utiles à l'Etat, qu'autant que celui dont elles dépendent, a de lumière ou de zèle pour l'Etat; mais s'il manque ou de zèle ou de lumière, ces voix dépendantes, ou *non-libres*, deviennent des voix très-nuisibles aux interêts du Roi & du Royaume: Donc plus on ménagera *d'égalité* dans le pouvoir par la circulation des départemens, plus on ménagera *de liberté & d'indépendance* entre les Conseillers de l'Etat. Il y aura alors plus de contradictions utiles, & par conséquent plus de lumière & plus de sagesse dans les Conseils. Or n'est-il pas visible qu'en faisant circuler les départemens les plus importans, on verra plus *d'égalité* entre les Conseillers de l'Etat? Ce qui procurera à chacun d'eux plus de *liberté*: *Donc circulation des départemens très avantageuse.*

12°. Quelques-uns d'eux voudroient porter cette circulation des départemens jusqu'à la présidence, & la faire cir-

circuler entre les Conſeillers d'un même Conſeil, & diſent que comme il étoit de l'avantage de la République *Romaine*, que les Conſuls redevinſſent ſimples Sénateurs, en attendant un nouveau Conſulat; il ſeroit de même de l'avantage du Royaume, que les Préſidens redevinſſent après deux ou trois ans ſimples Conſeillers de l'Etat, en attendant une nouvelle Préſidence: Que cet ordre donneroit plus d'attention aux uns, pour mieux uſer de leur autorité; & beaucoup plus d'émulation aux autres, pour mériter par leurs travaux & par leur politeſſe, d'être propoſez par leurs Confrères pour la Préſidence.

Ce ſeroit, pour ainſi dire, propoſer tous les trois ans un prix conſidérable à ceux de la Compagnie, qui durant cet intervalle ſe diſtingueront par leurs vertus, par leurs talens, & par leur application aux affaires publiques; ce ſeroit un nouveau reſſort très propre à augmenter ſans ceſſe le mouvement de la machine politique: Car après tout on ſait aſſez que l'Entre-

preneur

preneur ne parvient à augmenter le travail des ouvriers, que lorſqu'il a trouvé le ſecrèt de donner plus à celui qui travaille plus, & plus utilement, qu'à celui qui travaille moins, & moins utilement: Or n'eſt-ce pas procurer un grand avantage à l'Etat que de multiplier ſans ceſſe, par la circulation des Préſidens, les efforts & les travaux des ſoixante excellens eſprits, employez aux principales fonctions du Gouvernement?

Il y auroit encore un avantage dans cette circulation triennale, c'eſt qu'un Préſident trop vieux, ou trop uſé, que l'on n'auroit jamais oſé déplacer, par conſideration pour ſes ſervices paſſez, quittera naturellement ſa place au bout de ſes trois ans, à un ſucceſſeur beaucoup plus capable de rendre à l'Etát des ſervices préſens: Et cet article eſt plus important, que l'on ne peut s'imaginer.

La circulation des Conſeillers dans les divers Départemens ſeroit encore très utile pour ceux qui pourroient eſperer de devenir Préſidens de leur Compagnie;

pagnie; c'est que l'on préside beaucoup plus mieux, & beaucoup plus facilement, quand d'un côté on a été présidé, & quand on a eu le loisir de remarquer les défauts du Président, & quand de l'autre on a manié soi-même quelque tems les diverses sortes d'affaires, sur lesquelles il s'agit de faire opiner.

Ces mêmes personnes qui proposent de faire circuler la Présidence entre les Conseillers d'un même Conseil, croyent qu'après la Minorité il seroit très à propos de conserver le Conseil de Régence, sous le nom *de Conseil Géneral*, & de le former peu à peu des Ex-Présidens; pourvû qu'ils eussent assisté au moins pendant un an à chacun des Conseils particuliers, afin d'être instruits plus à fonds de tous les genres d'affaires qui parviennent à ce Conseil: Ainsi ils voudroient que les Ex-Présidens fissent ainsi leur cours entier de Politique pratique, pour devenir, plus propre à rendre service à l'Etat, par leurs avis salutaires dans *le Conseil Géneral*, lorsqu'ils y seront appellez pour y prendre une place permanente.

Dans le Conseil Géneral on rapporte des affaires très importantes des huit genres principaux, & de toutes les espèces de ces genres: Ainsi il est à souhaiter que chacun de ceux qui peuvent être destinez à y entrer, ayent eu la commodité de s'instruire à fonds; non seulement par la spéculation, mais encore par une pratique suffisante de toutes les matières, sur lesquelles il faut opiner dans ce Conseil; autrement ils seront dans la nécessité de s'en rapporter servilement aux lumières des autres, ou de donner leur voix un peu au hazard, au lieu qu'ils ne la donneroient qu'à l'évidence & à la raison.

On voit, ce me semble, dans la circulation de la Présidence des avantages considerables, qui ne se rencontrent pas dans le sistème de la Présidence fixe & permanente: Et je dirai encore dans les réponses aux objections de nouvelles raisons, qui appuyent ce sistème, sur tout par rapport à la durée de la *Polysynodie*. Mais après tout je ne propose cette circulation que comme une vûë,

vûë, pour perfectionner la *Polyſynodie* en géneral, ſans prétendre en faire d'application à la *Polysynodie* de la Régence: J'eſtime le bon, mais je préfere le meilleur.

Je croi la circulation de la préſidence un article très important pour la durée de la *Polyſynodie* en géneral, & pour exciter & accroître l'émulation dans les Conſeils, ſur tout lorſque par l'étude & le progrès de la Politique, & par l'établiſſement de la regle de propoſer trois Sujets pour ſes emplois, l'Etat ſera parvenu à remplir les principaux emplois de Sujets égaux, ou à peu près égaux en lumiére, en application & en zele pour le bien public: Mais comme il peut arriver qu'un Etat ſoit très pauvre en Sujets très habiles dans la Politique, faute de culture de cette Science, & que l'on n'y ait pas encore établi la regle, qui eſt la plus propre pour comparer avec exactitude, & pour connoître avec certitude les dégrez des talens des Sujets; je croi qu'il ſeroit très utile pour lors, & ſeulement en ce cas, que le Roi de ſon autorité, continuât les Présidens excellens pendant plusieurs triennats ; mais cette exception ne regarde que le commencement de l'établissement de la *Polysynodie* dans un Etat.

Au reste, quand l'utilité de la circulation de la Présidence demeureroit douteuse, il résulte toûjours des onze autres utilitez que je viens de déduire, que la circulation des départemens entre les Conseillers d'un même Conseil sera à tout prendre très avantageuse à l'Etat : Et comme cette circulation n'est praticable que dans le sistème de le *Polysynodie*, n'est-ce pas une nouvelle preuve que cette forme de Ministère est de beaucoup préferable, tant au *Visirat*, qu'au *Demi-Visirat*.

AVAN-

## AVANTAGE XV.

### *L'Etat souffrira moins de la maladie des Ministres.*

Dans le gouvernement des Regnes précedens, quand un Ministre étoit malade, toutes les affaires de son département restoient sans mouvement; & c'étoit souvent ou la moitié, ou le tiers, ou même le total des affaires du Royaume; ainsi faute d'ordres donnez *à tems*, toutes les affaires pressées périssoient, les autres en souffroient un grand préjudice. On prenoit soin de cacher ces pertes, mais elles n'en étoient pas moins réelles; ainsi l'Etat devenoit réellement malade de la maladie du Ministre, & faisoit chaque jour de cette maladie des pertes très considerables; au lieu que dans la *Polysynodie* les nouveaux Ministres, ou Conseillers de l'Etat, ne sont pas chargez chacun de la dixième partie des affaires, dont étoit chargé un *Demi-Visir*: Un d'eux en tombant malade peut charger de son département un un de ſes Confrères, ſans riſquer d'être dépoſſedé de ſon emploi; ainſi rien ne périt, les ordres ſont donnez à l'ordinaire, l'Etat n'eſt plus malade de la Maladie du Miniſtre, il n'en ſouffre aucun préjudice conſiderable; le Miniſtère devient ainſi en quelque façon immuable, inalterable, immortel.

## AVANTAGE XVI.

### *L'Etat ſouffrira moins de la Minorité & de la caducité des Rois.*

Il eſt certain que dans les Monarchies les affaires ont un mouvement plus vif que dans les Républiques, pendant que le Monarque eſt laborieux, & dans la maturité de ſon âge: C'eſt qu'à l'interêt commun qui fait agir les Miniſtres de la Monarchie, avec même force que les Miniſtres des Républiques pour le bien public, le Prince joint encore un grand interêt particulier, qui eſt l'interêt de ſa répuputation & de l'augmentation de celui de ses Sujets. Or on sait que l'interêt particulier donnant aux hommes beaucoup plus d'activité donne aussi nécessairement aux affaires beaucoup plus de mouvement ; mais il faut avoüer que ce mouvement diminuë beaucoup, & se trouve souvent très embarassé dans les Minoritez, dans les caducitez & dans les imbecillitez des Rois.

Or par l'établissement de la pluralité des Conseils, sur tout si par la circulation des départemens l'on conserve aux Ministres une *presque-égalité* de pouvoir, on conservera dans les affaires un mouvement presqu'égal à celui qu'elles avoient, lorsque la santé & la force des Rois ont commencé à tomber. Ainsi le Régent a remedié habilement par l'art de la *Polysynodie* aux inconveniens fâcheux, où les Monarchies sont assujetties par la nature des Monarques. Car enfin les Rois comme les autres hommes, sont sujets aux imbecillitez d'un âge ou trop foible, ou trop affoibli ; mais le Régent en conservant à l'Etat Monarchique tous les avantages qui lui ſont propres, il lui a procuré encore un des principaux avantages de l'Etat Ariſtocratique, qui eſt de n'être point aſſujetti ni à aucune Minorité, ni à aucune Caducité. Ainſi nôtre *Ariſto-Monarchie* aura toûjours un très grand avantage au-deſſus des Républiques ; c'eſt que ſans avoir rien à craindre ni de la foibleſſe, ni de l'affoibliſſement de l'âge de nos Rois, elle pourra proffiter de toute la force de leur eſprit, de tout leur travail & de toute leur ſageſſe.

## AVANTAGE XVII.

### *L'Etat ſouffrira moins du crédit des Femmes.*

Si les Femmes étoient élevées dans les connoiſſances importantes & ſérieuſes, comme les Hommes ; ſi on leur apprenoit à connoître & à déſirer le bien de l'Etat ; ſi elles connoiſſoient les qualitez néceſſaires, ſoit pour un Premier Miniſtre, ſoit pour un Principal Ministre ; si elles pouvoient comparer avec quelque sûreté les differens dégrez de ces qualitez dans les différens Sujets, sur qui peut tomber le choix ; si elles savoient que la grande difference qu'il y a entre un bon & un mauvais gouvernement, dépend de la difference qu'il y a entre des Ministres médiocres & des Ministres excellens ; si elles se soucioient plus de procurer de grands avantages à l'Etat, que de se servir du Ministre pour satisfaire leurs fantaisies & leurs passions ; il seroit très souhaitable pour le Roi & pour le Royaume, qu'elles eussent beaucoup de crédit sur l'esprit du Roi, dans le choix des principaux Ministres, mais malheureusement il n'en est pas ainsi.

Cependant, la nature de la Société est telle, qu'il n'est pas possible que les femmes n'ayent du crédit sur les hommes, à proportion qu'elles plaisent, qu'elles sont entreprenantes, qu'elles sont conduites par gens ambitieux, & qu'elles ont de manège & d'adresse pour proffiter des momens favorables,

 afin

afin de venir à bout de leurs entreprises. Les Rois sont des hommes, & encore plus sujets que les autres hommes, à être gouvernez par des femmes ; parce que les plus jeunes & les plus aimables se disputent entr'elles ce gouvernement, & que personne ne peut augmenter sa fortune, ni même la conserver, en s'opposant à la volonté des Princes, & en leur representant la grandeur des fautes qu'ils font contre leurs interêts, quand ils poussent la complaisance pour les femmes, jusqu'à les écouter sur le choix ou d'un Ministre principal, ou d'un Premier Ministre ; souvent même pareilles representations seroient très inutiles : Ainsi les femmes choisissent non par les qualitez nécessaires au Ministère ; elles ne les connoissent pas ces qualitez, elles ne s'en soucient pas, elles ne demandent à un Ministre pour toutes qualitez, qu'un parfait dévoüement à leur ambition & à leur fantaisie.

L'humanité rend ce mal nécessaire, il est même sans remède ; il est absolument nécessaire que les femmes ayent beaucoup de crédit sur les hommes : Tout

Tout ce qu'on peut faire de mieux, ce n'est pas de chercher à le diminuer, c'est de chercher à rendre leur crédit moins dangereux pour l'Etat, dans le choix de ceux qui doivent en occuper les premières places.

Un des meilleurs moyens que l'on puisse imaginer, pour diminuer le mal que l'on doit craindre de leur crédit, c'est la *Polysynodie*. 1°. L'autorité y est partagée à tant de Ministres, que les femmes les plus aimées, & les plus autorisées, n'auront le pouvoir d'établir que des Conseillers de l'Etat, qui, quand ils seroient méchans, ayant vingt fois moins d'autorité, feront vingt fois moins de mal, qu'un *Visir*, ou que des *Demi-Visirs*.

2°. En laissant à chaque Conseil le pouvoir de proposer trois Sujets, pour chaque place vacante, on peut empêcher qu'à la longue chaque Conseil ne se remplisse de gens corrompus, capables de vendre leur Monarque, & leur Patrie même. Or si le crédit des femmes ne pouvoit faire d'autre mal, que de faire préferer celui des trois Propoſez, qui aura le moins de mérite ; le mal ne ſeroit jamais fort conſiderable, puiſqu'on peut ſuppoſer que le Conſeil ne propoſeroit que les trois meilleurs Sujets choiſis entre les bons ; & l'occaſion de donner ce droit à chaque Conſeil eſt même heureux, pour y perpetuer la capacité, la probité & l'honneur, puiſque le Régent a choiſi pour les remplir, ce qu'il y avoit de meilleur dans le Royaume.

3°. Si la conduite de quelqu'un de ces Miniſtres, qui n'auroit d'autre mérite que la recommandation des femmes, devenoit odieuſe ; il ſeroit vingt fois plus aiſé d'y remedier, & de déplacer ce mauvais Conſeiller, que de déplacer un *Viſir*, ou un *Demi-Viſir* : Or n'eſt-il pas évident que le mal ſera d'autant moins conſiderable, qu'il ſera plus facile d'y apporter remede ?

4°. Je ſai bien que le pouvoir des femmes ſera à craindre ſur chacun des Conſeillers de l'Etat ; mais 1°. il n'eſt pas moins à craindre dans le *Viſir*, ou dans le *Demi-Viſir*. 2°. Il y a cette difference que le pouvoir des femmes ſur

ſur les Conſeillers de l'Etat ne ſera à craindre, qu'en cas que toutes celles qui ont du pouvoir conſpirent aux mêmes demandes, afin de les emporter à la pluralité des voix; mais cela eſt impoſſible. Les fantaiſies particulières & les interêts particuliers ont cela de différent de la raiſon, & des vûës pour le bien géneral; c'eſt qu'en differentes perſonnes ils ſont toûjours oppoſez; au lieu que la raiſon & le bien géneral vont ſouvent au même but. Ainſi les Conſeillers pouſſez par differentes femmes, feroient toûjours oppoſez entre eux, & l'oppoſition des uns empêcheroit le mauvais effèt de l'autorité des autres; au lieu que le *Viſir* ne trouvant point d'oppoſition dans ſes ſentimens, la femme qui le gouverne, peut cauſer de grands maux, parce qu'il décide lui ſeul de toutes les affaires.

## AVANTAGE XVIII.

### *Plus de sûreté pour la durée de la Maison Royale sur le Trône.*

Les Histoires sont pleines de révolutions, où les Monarchies ont changé de Maîtres. Ces révolutions n'ont jamais eu que deux causes ; l'une l'invasion d'une puissance étrangère ; l'autre, l'usurpation d'un Sujet, auquel le Roi a trop donné d'autorité.

A l'égard de la première cause, comme la Monarchie sera gouvernée par les conseils de tant de Conseillers prudens & moderez, les Rois seront beaucoup plus portez à entretenir la paix, & à faire des alliances deffensives, qu'à recommencer la guerre : Ces Princes auront plus de moderation dans leur procedé avec leurs voisins, & plus d'exactitude dans l'observation des Traitez ; ainsi ils auront un plus grand nombre d'Alliez, plus fidelles & plus constans.

Or un Roi de *France*, qui aura beaucoup de tels Alliez, peut-il jamais avoir à craindre d'être détrôné par un voisin, quelqu'injuste, quelqu'ambitieux & quelque puissant qu'il soit. D'un autre côté, moins il entreprendra de guerres offensives, moins il se trouvera en danger d'être détrôné, *surtout s'il ne laisse pas aguerrir pendant plusieurs années les troupes des Nations voisines, sans aguerrir en même tems les siennes*: Et je dirai ici en passant, qu'il est bien plus de l'interêt du Roi de pacifier les Etats voisins, que de les laisser en guerre, & qu'il lui est bien plus avantageux d'être garant d'un Traité de Paix, que de n'en être pas garant; mais ce n'est pas ici le lieu d'en parler.

A l'égard de la seconde cause, il est évident que lorsque l'autorité du Roi est partagée entre deux Ministres, pourvû que ce partage soit toûjours maintenu égal, ou à peu près égal, ce Prince sera deux fois plus en sûreté contre l'usurpation de l'un deux, que si toute l'autorité des deux étoit réunie

dans

dans un ſeul : C'eſt qu'en les ſuppoſant égaux en autorité avec des interêts oppoſez, il eſt très difficile, il eſt même preſqu'impoſſible qu'ils puiſſent jamais concerter enſemble de détrôner le Roi, pour mettre l'un d'eux ſur le Trône ; mais il eſt à craindre pour la ſûreté du Roi, que l'un d'eux ne détruiſe peu à peu l'autre, & ne s'établiſſe ſur ſa ruïne : Et s'il eſt homme de naiſſance, ou même hardi & accredité parmi les Troupes, il n'y a qu'un pas à faire de ſa place de Premier Miniſtre, de Maire du Palais, ſur le Trône.

Or ſi l'uſurpation du Trône étoit difficile, en ne ſuppoſant que deux principaux Miniſtres égaux en autorité, elle deviendra abſolument impoſſible, lorſque cette autorité ſera preſqu'également partagée entre vingt ou trente. La ſeule jalouſie qui regnera toûjours entre les Miniſtres, ſuffit pour les réünir tous contre celui qui voudroit uſurper ſur eux, & ſur le Roi, l'autorité Royale ; ainſi le Roi aura en eux des ſurveillans très intereſſez

à

à sa conservation, contre les entreprises d'un Sujèt trop ambitieux.

Les Histoires de tous les siecles, & de toutes les nations, sont pleines de pareilles usurpations; mais sans s'éloigner de nôtre Histoire, on comprend assez, que si l'autorité eût toûjours été partagée en *France*, à peu près également entre differens membres de differens Conseils, la Race de *Clovis*, malgré le peu de mérite de ses Rois fainéans, seroit peutêtre encore sur le Trône: Et n'est-il pas de la dernière importance pour le Roi, de prendre presentement des mesures sûres, pour que la troisième ne finisse pas dans les siecles à venir, par là même voye qu'ont fini la première & la seconde. Les Historiens disent que c'étoit fait de nôtre troisième Race sous *Henri* III. si le Duc de *Guise*, qui étoit alors le *Grand Visir* de *France*, eût découvert l'ordre que le Roi avoit donné de le tuer; & que s'en fallut-il qu'il ne le découvrit? Preuve démonstrative, que pour la durée de la Maison Royale sur le Trône, il est de la dernière

nière importance, que l'autorité du Miniſtère ſoit partagée le plus également qu'il eſt poſſible, entre un grand nombre de Miniſtres; & ſur tout que cette autorité ne ſoit jamais réünie ou dans un ſeul Miniſtre, ou dans une ſeule Maiſon, comme elle étoit alors dans la Maiſon de *Guiſe*.

## AVANTAGE XIX.

### *Moins de Guerres Civiles à craindre que dans le* Viſirat.

Il eſt évident que ſi le *Viſir* eſt un génie médiocre, de peu de travail & timide, les affaires du Roi & de l'Etat iront très mal.

Il n'eſt pas moins évident, comme on vient de le voir, que ſi c'eſt un grand génie, laborieux, courageux, d'une grande naiſſance, avec de grandes alliances, il s'acquerra un grand crédit au dedans, & au dehors de l'Etat; ainſi il en ſera d'autant plus à craindre pour la Maiſon Royale: Or un homme fort à craindre devient bien-

bientôt fort ſuſpect, quand ce ne ſeroit que par la malice de ſes ennemis; & devenu ſuſpect, il ſe trouve ſouvent dans la néceſſité de monter ſur le Trône, ou de perdre la vie.

Il eſt vrai que ſi le *Viſir* eſt un homme de petite naiſſance, un d'une naiſſance médiocre, comme on en a vû, il ſera beaucoup moins à craindre pour la Maiſon Royale, mais il y a un autre inconvenient terrible; car il eſt ſûr que pour ſe conſerver, il éloignera autant qu'il pourra les Princes & les Grands de la faveur du Roi; il ſera intereſſé à les faire paſſer pour des broüillons, pour des ſéditieux, pour gens ſans talens: Il ſera comme forcé de placer dans les principaux emplois des perſonnes de moindre naiſſance, qui ſeront ſes créatures.

Ce procedé, qui eſt cependant tout naturel, doit cauſer néceſſairement le mécontentement des Grands, qui verront avec chagrin toute l'autorité entre les mains d'un homme qu'ils mépriſent, & les dignitez & les emplois donnez à ſes créatures: Or il eſt impoſpossible que ce mécontentement géneral, ne réünisse un grand nombre de mécontens contre le Ministre. Voila des factions, des partis, & puis des Guerres civiles. Nos pères n'ont que trop éprouvé la solidité de ce raisonnement, & n'ont-ils pas vû de ces Guerres civiles, uniquement causées par le mécontentement des Grands ? Et quand le parti des Rebelles a le dessus, le Chef des Rebelles est naturellement porté sur le Trône.

Or dans la *Polysynodie* plusieurs Grands, sur tout ceux qui auront plus de talens, seront eux-mêmes dans le Ministère, & seront interessez à le soûtenir : Les autres Grands ou ne sont point à craindre par leur peu de mérite, ou s'ils en ont, ils peuvent esperer d'y entrer à leur tour : Et comme ils ne seront plus rendus suspects sans fondement, ils n'auront plus à se plaindre d'aucunes injustices dans la distribution des graces ; ainsi plus de mécontentement à craindre : Nous serons donc dans la *Polysynodie* beaucoup moins sujets aux Guerres civiles, que dans

dans le *Visirat* ; & n'est-ce pas un avantage très considerable ?

## AVANTAGE XX.

### *Moins de Guerres étrangères à craindre que dans le* Demi-Visirat.

Tout le monde sait que le feu Roi dans le beau discours, qu'il fit publiquement dans le lit de la mort au Roi regnant, lui recommanda dans les termes les plus forts, *de ne jamais entreprendre de Guerres, sans des raisons absolument indispensables* ; & il ajoûta une chose très édifiante, *qu'il se reprochoit fort, de n'avoir pas toûjours suivi une maxime si salutaire.*

Il avoit sans doute compris que les premières guerres offensives, qu'il entreprit, sans avoir de fondemens assez légitimes, l'avoient fait regarder par toutes les Puissances de l'*Europe*, comme un Prince qui ne cherchoit que des prétextes de rompre la paix, qui avoit dessein de s'agrandir aux dépens de ses Voi-

Voiſins, & qui aſpiroit même à la Monarchie univerſelle : Il avoit ſenti que cette opinion qu'ils avoient priſe, quoique fauſſe, n'avoit pas laiſſé de former contre lui les deux grandes Ligues ſucceſſives, qui ont preſque entièrement bouleverſé ſon Etat.

Or cherchons l'origine de ces premières guerres, dont les ſuites nous ont été ſi funeſtes. Le Premier Miniſtre qui gouvernoit pendant la Minorité du feu Roi, avoit interêt que ce Prince eût de l'éloignement pour le travail; ainſi il le fit élever dans l'oiſiveté, & dans les amuſemens de la Cour. Ce Prince étoit naturellement doux, moderé, équitable; il avoit beaucoup plus de penchant aux plaiſirs de la paix, qu'aux ſoins, aux inquietudes & au dangers de la guerre : Ainſi après la mort du Cardinal *Mazarin*, il ſe ſeroit toûjours contenté de ſe tenir ſur la deffenſive avec ſes Voiſins, & de ſe rendre arbitre & conciliateur de leurs différens; mais il étoit naturel que le Miniſtre de la guerre devint jaloux de la fa-

faveur de ſon Rival, qui gouvernoit les finances, & le commerce avec ſuccès, & qu'il cherchât de ſon côté à ſe rendre néceſſaire à ſon Maître, & à s'acquerir un grand crédit dans l'Etat, en déterminant le Roi à la Guerre : C'étoit même un moyen ſûr pour décrediter le Miniſtre des Finances, ſoit en le rendant odieux aux peuples, s'il en tiroit beaucoup d'argent par les taxes, ſoit en le décriant auprès du Roi, ou comme un malhabile Miniſtre, ou comme un homme peu zèlé pour la gloire de ſon Maître, s'il n'en tiroit pas aſſez pour faire la Guerre avec ſuccès.

Ainſi ce Miniſtre à l'aide des jeunes Courtiſans, qui entouroient le Roi, & qui cherchoient à s'avancer dans les emplois militaires, trouva le moyen de lui inſpirer le déſir d'acquerir de la réputation par les armes, & de conquerir ſous divers prétextes les Provinces, qui étoient le plus à la bienſéance de la *France*. Il travailla ſi adroitement, & ſi conſtamment à lui faire mépriſer ſes voiſins, à l'irriter con-

contr'eux, à lui faire perdre de vûë cette regle si vertueuse, & en même tems si utile, *Ne faites point contre vos Voisins, ce que vous ne voudriez pas qu'ils fissent contre vous, si vous étiez à leur place, & qu'ils fussent à la vôtre.* Il lui montra la première entreprise d'un côté si facile, & de l'autre si glorieuse, que le Roi s'y laissa aller: Ce Ministre se servit ensuite habilement du grand succès de la première Guerre, pour l'engager plus facilement dans celles qui suivirent, & qui précederent la Paix de *Nimegue* concluë en 1678.

Telle est l'origine, telle est la cause de nos premières Guerres. Ce fut non le vrai interêt du Roi, non le vrai interêt de sa gloire, non le vrai interêt de l'Etat, qui le déterminerent à troubler le repos de l'*Europe*; mais ce fut le vrai interêt du Ministre de la Guerre: Sans cet interêt particulier de ce Ministre, le Roi n'auroit jamais commencé ces premières Guerres, qui furent offensives de sa part; & vrai-semblablement il n'auroit jamais

mais été forcé de soutenir les dernières, qui furent offensives de la part de nos Voisins, & qui ont été si ruineuses pour l'Etat.

Que l'on regarde le succès de ces Guerres du côté de l'*utile*, que l'on suppute si ce qu'elles nous ont produit, vaut plus que ce qu'elles nous ont coûté. Nous avons eu trente ans de Guerre depuis 1668. jusqu'à present : Le Roi a tiré des *François* toutes les années de guerre plus de cinquante millions de subsides extraordinaires, le fort portant le foible ; c'est quinze cent millions, & outre cela le Roi doit encore en rentes, en gages & en billets plus de douze cens millions : Ces deux sommes font vingt-sept fois cent millions, qui au denier vingt-sept produiroient cent millions par an. L'interruption du Commerce a fait tort au Roi & à l'Etat de plus de cinquante millions par an, pendant ces trente années de guerre ; cela fait encore cinquante millions de rente au denier trente. Or qui ne sait que les Conquêtes du feu Roi ne lui rapportent pas la huitième partie de ces cent cinquante millions de rente, tous frais faits ? Et cependant je ne mets point en ligne de compte ni les hommes que nous avons perdus, ni la désolation de nos Provinces frontières, ni les pertes prodigieuses que nous causent les fortunes immenses des gens d'affaires.

Voila le côté de l'*utile* ; qu'on regarde presentement le côté de l'*honorable* : Qu'elle opinion le feu Roi a-t-il laissée de lui à ses Voisins ? N'ont-ils pas cru, n'ont-ils pas écrit qu'il étoit un Voisin fâcheux, sans parole, injuste, & d'autant plus digne de leur haine, qu'il employoit plus de puissance à les ruiner ? Je sai bien que l'idée que l'*Europe* en avoit prise, lorsqu'elle s'étoit liguée contre lui, n'étoit pas juste, n'étoit pas bien fondée ; mais cependant elle étoit telle, & il y avoit malheureusement donné occasion ; & on ne peut pas dire que nôtre réputation ne dépende de l'idée que nous donnons aux autres de nôtre caractère. D'un autre côté, a-t-il forcé ses Sujets par l'abondance qu'il leur aprocurée, à à regretter ſon adminiſtration? Plut à Dieu! que pour ſa réputation, & pour nôtre utilité, il eût été durant tout ſon Regne occupé à faire fleurir le Commerce, à diminuer tant d'obſtacles qui le gêne, à augmenter les facilitez qui le multiplient; à paver les grands chemins, à les rendre encore plus ſûrs; à rendre les rivières navigables; à rendre nos Loix plus propres pour diminuer le nombre des procès; à perfectionner la manière de lever les ſubſides, de ſorte que les peuples en payaſſent moins, & qu'il en revint plus aux coffres publics; à perfectionner les Etabliſſemens qui regardent les pauvres, & l'éducation des enfans; à favoriſer les arts & les ſciences, à proportion de leur utilité; à trouver les moyens de faire diſtribuer les emplois & les recompenſes avec juſtice, & ſans égard pour les recommandations; à ôter la vénalité des Charges, les ſurvivances & les Brevets de retenuë; à diminuer nos beſoins, en diminuant nos jeux de hazard; à perfectionner nos mœurs, en trouvant les moyens de rendre la vertu & les talens utiles, plus honorez, plus respectez, plus justement recompensez.

Il pouvoit facilement devenir le conciliateur de l'*Europe*, & forcer ses Voisins ambitieux & impatiens, à convenir d'Arbitres pour terminer leurs differens, sans s'exposer aux malheurs de la guerre: Il n'avoit qu'à se déclarer hautement contre quiconque auroit refusé d'exécuter les Jugemens de l'Arbitrage. Plût à Dieu! qu'il eût ainsi donné la paix à l'*Europe*, pendant cinquante-trois ans qu'il a gouverné par lui-même. Il eût été le plus grand Bienfaiteur qu'eussent jamais eu les *François*: Son nom eût été en bénediction à toutes les Nations Chrétiennes; & peut-on dire que la réputation qu'il a acquise par la Guerre, soit comparable à celle qu'il auroit pû acquerir, en maintenant l'*Europe* en paix?

Or n'est-il pas évident que si, en sortant de Minorité, il eût trouvé dans son Royaume la *Polysynodie* bien établie, il n'eût jamais été poussé aux pre-

premières Guerres qu'il entreprit ; & que par conséquent il n'auroit jamais été forcé de soûtenir les dernieres ; & qu'il auroit par sa réputation de Prince sage, moderé, pacifique, établi son Petit-Fils sur le Trône d'Espagne, sans que l'*Europe* en eût été allarmée? Ainsi, on peut dire que nos Rois étant beaucoup moins poussez par les Conseillers de l'Etat, que par un *Visir*, ou par un *Demi-Visir*, à entreprendre des Guerres offensives, en entreprendront beaucoup moins d'injustes, & s'en attireront par conséquent beaucoup moins de pareilles de la part de leurs voisins, & qu'ils seront moins souvent en danger d'être détrônez par des ennemis victorieux.

Au reste, j'ai une réflexion à faire sur le Ministre de la Guerre, dont je viens de parler ; c'est que, quoiqu'il soit la cause primitive de la plûpart des grands malheurs, qui sont arrivez au Royaume depuis sa mort, & du grand danger, où nous avons été de voir bouleverser la Monarchie, il n'est pas juste cependant qu'il en porte la haine publique : 1°. Parce qu'il ne pouvoit pas prévoir tous ces malheurs : 2°. Parce qu'il esperoit au contraire, par les Conquêtes du Roi, rendre la *France* plus riche & plus puissante : 3°. Parce que nos malheurs ont eu depuis beaucoup d'autres causes : 4°. Parce que s'il eût vêcu vingt ans de plus, il nous auroit garanti par sa vigilance, & par son prodigieux travail, de la plûpart de ces malheurs : 5°. Parce qu'après tout il est si naturel à un Ministre, de chercher à se rendre important & nécessaire, que de cinquante autres qui auroient été à sa place, quarante neuf en auroient usé comme lui, & auroient fait la même faute. Ainsi c'est moins à lui personnellement qu'il faut s'en prendre, qu'à l'humanité même : Je sai même plusieurs actions de lui, où l'on voit beaucoup d'équité, & d'amour pour le bien public ; de sorte que je suis bien persuadé que ces malheurs nous sont venus bien moins par la faute du *Demi-Visir*, que par le défaut du *Demi-Visirat*.

Tels sont les inconveniens du *Visirat* &

& du *Demi-Visirat* : Tels sont les avantages de la *Polysynodie*. Examinons presentement, s'il y a quelques avantages dans le *Visirat* & dans le *Demi-Visirat*, qui ne soient pas au même dégré dans la *Polysynodie*, ou si ces avantages sont comparables à ceux que je viens d'expliquer. Voyons de quels moyens on peut se servir pour perfectionner tous les jours la *Polysynodie* presente. On trouvera tout cela éclairci, & expliqué dans les Réponses aux Objections.

# DISCOURS SUR LA POLYSYNODIE.

## SECONDE PARTIE.

## *RÉPONSES AUX OBJECTIONS.*

---

## AVERTISSEMENT.

CE n'eſt pas aſſez d'avoir démontré, par des preuves poſitives, les grands avantages de la *Polyſynodie* ſur le *Viſirat* ; il faut encore éclaircir toutes les difficultez d'un ſujèt auſſi important : Or la meilleure manière de proceder à cet éclairciſſement, c'eſt de diviſer les Objections, & de répondre à chacune ne en particulier d'une manière précise, & qui puisse satisfaire tout Lecteur équitable & desinteressé.

Ces différentes Objections donnent occasion de montrer le sujèt par différens côtez, & à différens points de vûë. L'esprit humain est soupçonneux, & avec raison, sur tout lorsqu'il s'agit de quelque nouvel Etablissement: Il a besoin qu'on éclaircisse de plus en plus ce qui peut s'opposer à une entière persuasion. Or ces différens éclaircissemens ne se peuvent bien faire qu'en lui montrant que de quelque côté qu'il tourne & retourne l'objèt, que de quelque point de vûë qu'il le considere, de quelque balance qu'il se serve, tant pour peser les avantages de l'Etablissement contre les avantages du *Non-Etablissement*, que pour comparer les inconveniens de l'un contre les inconveniens de l'autre, la balance rapporte toûjours un résultat à peu près semblable.

De là on peut conclurre, que la partie la plus importante à la conviction & à la persuasion parfaite, c'est la partie de l'Ouvrage où l'on acheve d'éclaircir toutes les difficultez. On me pardonnera donc si je n'en ai négligé aucune, & si je me suis arrêté à éclaircir certaines choses, qui semblent à quelques Lecteurs habiles & éclairez assez claires par elles mêmes, mais qui avoient quelque obscurité pour les autres: J'ai mieux aimé être trop clair & trop long pour le petit nombre, que d'être trop court & obscur pour le grand nombre.

Je n'ai pas eu le loisir de ranger les Objections selon leurs matières, elles sont telles qu'elles m'ont été faites: Cela fait même que l'on y pourra trouver quelques petites répetitions; les petites négligences ne sient pas mal dans les grandes matières, elles y sieut même bien; c'est que le Lecteur sensé y supplée toûjours, & que rempli de l'importance de la matière, il ne daigne pas faire attention à ce qui n'est important que pour la manière; c'est-à-dire pour le stile, & c'est la difference principale, qui se trouve entre un beau Discours Academique, & un bon

bon Discours Politique. Dans le premier il s'agit de peu pour la matière qui y est traitée; & par conséquent il s'y agit de beaucoup pour la manière dont elle est écrite; au lieu que dans le Discours Politique il s'agit de beaucoup pour la matière, & par conséquent de peu pour le stile, ou pour la manière, dont il est écrit. Je ne dis pas que sur ce principe l'Auteur puisse se permettre de grandes négligences; je dis seulement qu'il lui sied bien d'en laisser de petites, que les Academiciens appliquez aux expressions puissent remarquer, & que les Politiques uniquement appliquez aux choses, fassent gloire de ne pas observer.

La plûpart des Objections que l'on m'a faites sont contre la *Polysynodie*, telle qu'elle est établie, & non contre la *Polysynodie*, telle qu'elle peut être perfectionnée par le Régent lui-même. Il m'est venu plusieurs idées pour ce perfectionnement, en répondant à chaque Objection: Je les ai notées par un *N.* à la marge, afin que le Lecteur puisse facilement les retrouver ; il y en a plus de cinquante.

## OBJECTION I.

DAns le plan de feu Monſeigneur le Dauphin Duc de *Bourgogne*, il n'y avoit point de Conſeil ſuprème : Son deſſein étoit d'aſſiſter à tous les Conſeils particuliers, & d'y décider chaque affaire ſans les porter plus loin, & cela eût beaucoup contribué à l'expédition des affaires.

## *RÉPONSE.*

1°. Le Régent ne pouvoit pas ſe diſpenſer de former un Conſeil de Régence ; mais quand ſa qualité de Régent ne l'auroit pas obligé à former ce Conſeil, il me ſemble que pour la perfection du Siſtème de la *Polyſynodie*, il eſt abſolument néceſſaire, qu'il y ait toûjours un pareil Conſeil dans le Royaume ; non pas ſous le nom de *Conſeil* de *Régence*, quand le Roi eſt majeur, mais ſous le nom de *Conſeil*

*Suprème*, ou plûtôt de *Conseil General.*

2°. Je conviens que feu Monseigneur le Dauphin Duc de *Bourgogne* n'avoit pas songé à établir de *Conseil General*; c'est qu'il n'avoit fait son plan que pour lui, qui étoit laborieux & intelligent. Et en effèt un Roi tel qu'il eût été durant la viguêur & la maturité de son âge, n'eût pas eu besoin de Conseil General. De même si nous étions sûrs d'avoir toûjours pour Rois des Princes d'une santé ferme, d'un esprit élevé, & accoûtumé au travail, la Monarchie n'auroit jamais besoin d'un pareil Conseil; mais comme il s'en faut bien que les Monarchies n'ayent pareille sûreté, & comme parmi les Rois majeurs il y en a beaucoup qui n'ont pas de santé, ou qui n'ont pas assez de capacité, ou qui ne veuillent pas travailler; il est absolument nécessaire qu'il y ait un Conseil General, qui ne soit jamais infirme, qui ne vieillisse point, qui pense pour eux, & qui travaille pour eux: Ils meurent, ils se succedent, & sont fort différens les uns des autres; le

Royaume ne meurt point. Or le moyen d'empêcher la Nation de se ressentir de leur paresse, de leur incapacité, de la foiblesse & de l'affoiblissement de leur âge, c'est d'y pourvoir par un Conseil Géneral, éclairé, zèlé pour le Roi & pour l'Etat, moderé, laborieux, immortel, qui soit le centre, le soûtien, l'ame & le lien de tous les Conseils particuliers.

3°. Ces tems de minorité ou de foiblesse des Rois ne sont pas rares dans une Monarchie, la nôtre a eu cinquante ans de pareille foiblesse dans le dernier siecle: Et à dire la vérité, c'est beaucoup, quand dans deux siecles on trouve trente ans de Regne, où les Rois ayent eu assez de capacité, d'application aux affaires.

4°. Une autre raison qui prouve la nécessité d'un Conseil Géneral dans ces tems de foiblesse, c'est qu'il est impossible que les Conseils particuliers ne soient quelquefois divisez entr'eux, tantôt sur les bornes de leur competence, tantôt sur les besoins de l'Etat, tantôt sur les avantages qu'on veut lui pro-

procurer. Le Conseil de Guerre de terre demandera comme nécessaire un tel fond, que le Conseil de Marine demandera aussi comme plus nécessaire ; qui jugera entr'eux ? De même il n'y a qu'un certain fond dans une année que l'on puisse employer à divers Etablissemens utiles ; le Conseil de Commerce le demandera pour un Etablissement, tandis que d'autres Conseils le demanderont pour d'autres Etablissemens : Dans les affaires mixtes des particuliers, l'un se pourvoira à un Conseil, l'autre à un autre. On suppose que le Roi par sa santé, par son âge, par son peu de lumières, par son éloignement du travail, n'est pas en état de décider ces différends, ils ne peuvent être décidez que de deux manières, ou par un *Grand-Visir*, qui ait toute l'autorité, ou par la pluralité des voix d'un Conseil Géneral : Or nous avons suffisamment montré les grands inconveniens du *Visirat*, & les avantages de la *Polysynodie* ; on voit donc que le Conseil Géneral est un Conseil absolument nécessaire au Sistème de la pluraralité des Conseils. C'est une augmentation essentielle, qui manquoit au plan du Dauphin Duc de *Bourgogne*; c'est un Conseil qu'un Roi sage doit toûjours tenir tout établi, sinon par consideration du present, du moins par consideration de l'avenir.

5°. Si le Roi est en état d'agir, & si l'affaire est pressée, il peut appeller par extraordinaire au Conseil particulier tout, ou partie des Conseillers du Conseil Géneral, pour la décider tout d'un coup: Il peut de même en tems de Guerre décider tout ce qui regarde la guerre au Conseil de la guerre, en y appellant quelques Membres du Conseil Géneral; de sorte que ce Conseil ne lui nuira jamais en rien, dans les affaires qui seront pressées, & lui pourra être fort utile dans les affaires qui ne le seront point; & ce qui est de la dernière importance pour sa Maison, c'est que ce sera un Conseil de Régence tout formé, en cas de minorité, & un moyen sûr pour délivrer pour jamais les Rois & le Royaume du *Visirat*: Forme de Gouvernement grossière, bar-

barbare, très pernicieuse pour le Royaume, & très dangereuse pour les Rois & pour les Maisons Royales, comme je l'ai démontré.

## OBJECTION II.

On ne devroit traiter dans le Conseil de Régence, ou Conseil Géneral, que des divers Reglemens nouveaux, & d'autres affaires très importantes; cependant on y en rapporte quantité de moins importantes, & qui pourroient se décider définitivement dans chacun des Conseils particuliers, sur tout lorsque la décision a passé aux trois quarts des voix: Cela fait que le Président, qui rapporte dans ce Conseil, n'a pas le tems d'y exposer les affaires assez au long, pour mettre les Opinans en état d'en juger avec connoissance de cause; ainsi il ne fait proprement que rendre compte au Conseil Géneral, de ce qui a été résolu dans le Conseil particulier; c'est donc plûtôt un Conseil de parade qu'un véritable Conseil, dont l'Etat puisse tirer une véritable utilité: D'ailleurs ce dégré de de Jurisdiction allonge fort l'expédition des affaires, ce qui est un grand inconvenient.

## *RÉPONSE.*

1°. Le Roi ne peut-il pas statuer, que chaque Conseil particulier pourra décider *définitivement*, & sans lui, les affaires les moins importantes; telles que sont celles, qui regardent les particuliers, & sur lesquelles il ne s'agit point de faire quelque Reglement nouveau, mais de suivre les anciens. Je sai bien que pour déterminer ce qui se doit appeller *affaire très importante*, ou *affaire moins importante*, il faut une sorte de Reglement; mais ce n'est rien d'impossible que ce Reglement: Les Requêtes de l'Hôtel & d'autres Jurisdictions, qui sont subalternes en certains cas, ne jugent-elles pas en dernier ressort dans des cas portez par des Reglemens? Or le Conseil Géneral n'auroit alors à regler que les affaires les plus importantes, ou celles qui auroient souffert beaucoup de contestations,

tions, ce qui en diminuëroit fort le nombre; ainsi les Rapporteurs auront un loisir suffisant, pour rapporter au Conseil Géneral les affaires importantes en entier, & les Opinans pourroient ainsi en juger avec une connoissance suffisante; ce ne seroit donc plus un Conseil de parade, mais un Conseil très utile.

De cette manière les trois quarts & demi des affaires seroient expédiées, aussi promtement qu'elles le sont au Conseil des Parties, ou à la Grand-Chambre; & le Régent, & le Conseil de Régence auroient plus de loisir de vaquer aux affaires plus importantes.

## OBJECTION III.

Le Régent n'assiste point, ou presque point, aux Conseils particuliers; ainsi le Président de chaque Conseil est obligé de lui rendre compte, de ce qui s'est passé au Conseil où il préside; & ce compte se rend, sans avoir pour témoin le Rapporteur de l'affaire, qui a assisté à la déliberation. Ainsi il peut non séulement se tromper dans son rapport, mais il peut encore sans craindre d'être contredit, dissimuler au Régent les raisons, ou alterer les faits, comme le pouvoient *les Demi-Visirs* sous le feu Roi ; donc les résolutions fondées sur les erreurs de fait, seront aussi fréquentes que dans le Régne précedent ; donc de ce côté-là nul avantage.

## *RÉPONSE.*

1°. Le Président après avoir rapporté au Régent en particulier, fait encore son rapport en plein Conseil de Régence ; il y a donc alors assez de témoins, qui pourroient le contredire, s'il vouloit alterer quelque chose dans les faits.

2°. Pour éviter cet inconvenient, ne peut-on pas statuer que ce Président ne rapportera chaque affaire en abregé au Régent, & au Conseil de Régence, ou Conseil Géneral, qu'en presence du Rapporteur, ou du moins du Conſeiller de ſemaine, deſtiné à y aſſiſter.

## OBJECTION IV.

Le feu Roi donnoit la plûpart des Emplois, des Bénefices, des Penſions & des autres recompenſes de l'Etat, *à la recommandation* des Miniſtres, ſoit à leurs parens, ſoit à leurs amis. Or en multipliant les Miniſtres, n'eſt-ce pas multiplier *les recommandations*? n'eſt-ce pas donner de nouvelles forces à la *faveur* contre la *Juſtice*?

## *RÉPONSE.*

1°. Les Conſeillers de l'Etat n'ont tous enſemble qu'autant de crédit, qu'en avoient les Miniſtres ſous le feu Roi, pour la diſtribution des recompenſes de l'Etat; donc la recommandation des Conſeillers de l'Etat ne nuira pas davantage aujourdhui à l'Etat, que nuiſoit alors la recommandation des Miniſtres précedens.

2°. Je conviens qu'il eſt difficile de trou-

trouver des moyens de faire toûjours distribuer les recompenses de l'Etat, à proportion que les services sont utiles à l'Etat; mais cela n'est rien moins qu'impossible, & je le dis, parce que j'ai montré dans un autre Mémoire les moyens d'éviter le grand inconvenient des recommandations. Or s'il peut y avoir une forme de Gouvernement, dans laquelle un pareil établissement soit praticable, c'est assûrément la *Polysynodie*, où les Conseillers de l'Etat auront beaucoup moins d'interêt de s'y opposer, que les *Visirs* & les *Demi-Visirs*; parce qu'en renonçant, en faveur du bien public, à l'injuste & pernicieuse coûtume des recommandations, ils auront beaucoup moins à perdre que *les Visirs*, *ou les Demi-Visirs*.

## OBJECTION V.

En multipliant les Ministres, vous multipliez le pouvoir des Femmes; car enfin les Ministres ne sont-ils pas hommes comme les Rois?

RE-

## RÉPONSE.

1°. Si les Rois n'étoient Rois qu'à l'âge, où les Conseillers sont Conseillers de l'Etat, le pouvoir des Femmes seroit bien moins à craindre; mais malheureusement pour eux & pour leurs Sujets, les Rois sont quelquefois fort jeunes, & dans un âge où ils connoissent le moins, & ou ils sentent le plus; au lieu que dans les Etats tant soit peu sagement gouvernez, on ne voit de Ministres & de Secretaires d'Etat, que dans un âge mûr, où les lumières ne sont plus tant affoiblies par la vivacité du sentiment.

2°. Si chaque Ministre décidoit seul dans son Département, ou si toutes les Femmes, qui ont du pouvoir sur les Ministres, s'unissoient toutes pour un même but sur chaque affaire; j'avouë que leur pouvoir seroit fort à craindre, même dans le sistème de la *Polysynodie*; mais d'un côté nul des Conseillers de l'Etat ne décide absolument dans les affaires de son Département, tout s'y s'y décide à la pluralité des voix : Et l'on sait assez de l'autre, que l'union d'un grand nombre de femmes étant rare, le pouvoir, qui dépend de cette union, n'est guères à craindre ; au lieu que dans le sistème du *Visirat*, une femme seule peut chasser un premier Ministre excellent, pour en substituer un très mauvais ; & ce sera cependant ce mauvais premier Ministre, qui seul décidera de tout.

## OBJECTION VI.

Si les Membres du Conseil Géneral se divisent, qui les racommodera?

## *RÉPONSE.*

1°. Ils seront choisis entre les Présidens & les Ex-présidens des autres Conseils, qui auront eux-mêmes été choisis par leur Compagnie, comme les Membres les plus éclairez & les plus moderez ; ainsi on peut dire que dans ce Conseil il y aura moins de division qu'ailleurs.

2°. Com-

2°. Comme ils n'auront rien en maniement, ils n'auront rien à partager; ils ne pourront donc jamais être divisez que dans leurs opinions: Or des divisions, que la pluralité des voix décide toûjours souverainement, ne sont pas des divisions à craindre.

3°. Quelque petite que fût l'autorité du Roi, du Régent, de la Régente, elle seroit toûjours assez grande pour appaiser ces divisions, & pour interdire ceux qui apporteroient du trouble.

4°. Dans chaque Etat Républiquain il y a un Conseil Suprème, il peut y arriver des divisions, il peut s'y former des partis; cependant on voit par l'experience, ou qu'il ne s'y en forme point malgré la diversité journalière des avis, ou que ces divisions se calment d'elles-mêmes, & ne sont point à craindre: Et ce qui est à remarquer, c'est que ces Conseils Suprèmes des Républiques n'ont pas, pour être calmez dans leurs divisions, l'avantage de l'autorité d'une Régente, d'un Régent, d'un Roi.

 OB-

## OBJECTION VII.

Il y aura moins de ſecrèt dans les réſolutions, qu'il n'y en avoit dans le Gouvernement précedent.

## *RÉPONSE.*

1°. Il y a peu d'affaires dans le Gouvernement du dedans, qui demandent du ſecrèt dans les réſolutions ; au contraire il eſt utile, il eſt même abſolument néceſſaire, de les publier auſſi-tôt qu'elles ont été arrêtées.

2°. Celles qui demandent du ſecrèt pendant quelque tems, ſe peuvent traiter par extraordinaire, en demandant un ſecrèt extraordinaire aux Opinans.

3°. A l'égard des affaires qui regardent les Etrangères, il n'y a pas plus de Conſeillers du Conſeil des affaires étrangères, qu'il y avoit autrefois de Miniſtres qui en avoient part.

4°. Nous ne voyons pas que les affaires des Républiques manquent de ſecrèt, tandis que ce ſecrèt eſt néceſ-ſaire, faire, soit pour les affaires du dedans, soit pour celles du dehors : Nous ne voyons pas que faute de secrèt elles aillent moins bien que les affaires des Monarchies. Il y a cependant beaucoup plus de personnes qui entrent dans les Conseils ; c'est apparemment ou que les occasions de l'importance du secrèt sont plus rares que l'on ne s'imagine ; ou que le secrèt nécessaire se peut garder entre plusieurs Membres, quand c'est leur interêt commun de le garder.

## OBJECTION VIII.

Un Conseil Géneral seroit utile à l'Etat, s'il étoit possible que tous les Membres eussent une connoissance suffisante de tous les genres, & de toutes les espèces d'affaires que l'on y rapporte ; mais cela est impossible, il faut la vie d'un homme pour apprendre ce qu'il y a à savoir dans un seul genre, comme la Finance, comme la Guerre, comme les affaires étrangères, &c. Cependant, à quoi est bon l'avis de

 gens

gens, qui n'ont point une connoissance suffisante du genre, ni de l'espèce d'affaire proposée?

## RÉPONSE.

1°. Il n'est pas vrai qu'il soit impossible que des hommes d'un esprit excellent, tels que seront tous les Membres de ce Conseil, ne puissent pas en six ou sept ans d'application, soit par la lecture de bons Mémoires qui seront imprimez sur chaque matière, soit par la pratique, soit par les conferences avec les gens les plus habiles sur chaque sujèt, acquerir une connoissance suffisante des principes, des maximes & des faits nécessaires, pour bien juger des huit genres d'affaires, & de toutes les espèces de ces genres: Mais quand on supposeroit, qu'il faut à de pareils esprits deux ans d'étude, pour savoir ce qu'il y a de connu & de démontré dans chacun de ces genres, ces Membres pourront avoir pour cela plus de loisir qu'il n'en faut; puisque l'on peut statuer qu'ils n'entreront à ce Conseil

qu'à

qu'à quarante-cinq ans, après avoir présidé à quelque Conseil, & après avoir assisté à tous les Conseils particuliers; & d'ailleurs ils auront à l'avenir la commodité de pouvoir étudier dès l'âge de vingt ans sur tous les différens genres, & sur toutes les différentes espèces d'affaires, un nombre suffisant d'excellens Mémoires, que fera imprimer le Conseil pour le progrès de la Politique; dont je parle dans un autre Mémoire.

2°. On peut dire que la Medecine, par exemple, a autant de partie à étudier qu'en peut avoir la Politique, soit pour ce qui regarde la pratique, soit pour ce qui regarde la spéculation; cependant qui ne sait qu'un homme de beaucoup d'esprit & d'application, avec le secours de bons Livres, peut avoir appris tout ce qui est connu & démontré dans cette Science, à vingt-sixou vingt-sept ans? Qui doute qu'alors il ne soit en état de juger des découvertes nouvelles & d'en faire lui-même? Celui qui étudiera la Politique dès vingt ans, dès dix-huit ans, n'aura-t-il pas les mêmes commoditez pour y faire du progrès, que celui qui étudiera la Medecine ? Il sera donc dès vingt-six ou vingt-sept ans en état par les méthodes, dont je parle dans le Mémoire sur le Progrès de la Politique, de juger de toutes sortes d'affaires? Or s'il a passé encore dix-huit ou dix-neuf ans dans les Emplois subalternes & supérieurs du Gouvernement; par exemple, comme Subdelegué, comme Secretaire Géneral d'une Intendance, comme Intendant, comme Membre d'un Conseil, comme Président de ce Conseil, & comme Assistant des autres Conseils; pourra-t-on dire qu'alors cet esprit excellent, choisi par ses pareils entre les meilleurs, pour remplir ces différens Emplois, ne soit pas à quarante-cinq ans assez au fait de toutes les espèces d'affaires, qui se presenteront au Conseil Géneral, pour en juger avec connoissance de cause.

O B-

## OBJECTION IX.

Il se trouve souvent des Reglemens à former, & des affaires à décider entre particuliers, qui regardent plusieurs Conseils : Chaque Conseil les reclamera, & aura droit de les reclamer, & cependant ces affaires ne se décideront point. Ce partage des Conseils par matières ne sauroit jamais se faire avec assez de précision, qu'il ne se rencontre toûjours beaucoup de ces affaires mixtes; au lieu que la décision des affaires dans le *Visirat* n'étoit point sujette à cet inconvenient, on ne savoit ce que c'étoit qu'affaires mixtes; parce que l'autorité loin d'être partagée en tant de Membres, étoit réünie sur une seule tête.

## *RÉPONSE.*

Si deux Conseils reclament la même affaire, le Roi, ou le Conseil Géneral, peut facilement décider la compétence; si l'affaire n'est point reclamée, il n'y a rien qui en arrête la décision ; donc de ce côté-là nul avantage du *Visirat* sur la *Polysynodie*, & nous avons vû au contraire un grand nombre d'avantages inestimables de la *Polysynodie* sur le *Visirat*.

## OBJECTION X.

La pluralité des Membres rend chaque Conseil sujèt à des jalousies d'autorité, à des factions, à des divisions qui nuisent aux affaires.

## *RÉPONSE.*

1°. Il est encore plus ordinaire, que la jalousie entre les *Demi-Visirs* nuise aux affaires publiques ; nous n'en avons eu que trop d'expériences.

2°. Les Conseils des Républiques sont sujets aux mêmes inconveniens ; cependant les Républiques se soûtiennent avec autant de fermeté & de bon ordre, que les Monarchies de pareille étenduë ; il faut donc croire que si ces divisions & ces jalousies causent quelques

ques maux, ils sont rares, & ne sont pas considérables.

3°. Nous avons dans le Gouvernement Monarchique un avantage, que n'ont pas les Républiques; c'est que le Roi, ou le Régent, ou le Conseil Général peuvent facilement calmer ces divisions dans les Conseils particuliers, quand elles commencent à nuire aux affaires; car lorsqu'elles ne produisent que plus d'émulation dans chacun des Conseillers, pour se mieux acquiter de leur devoir, loin de nuire à l'État, elles ne sauroient que lui être fort avantageuses.

4°. La jalousie entre particuliers peut devenir un excellent ressort, avec lequel le Souverain peut tirer d'eux incomparablement plus de travail pour l'utilité publique, que par tout autre ressort; il n'est question que de trouver des regles & des Loix, qui loin de l'affoiblir l'augmentent, mais en dirigent continuellement la force *vers le plus grand bien de l'Etat*, & vers le respect *pour la pluralité des suffrages*: Acquiescer au plus grand nombre est un moyen bien simple ; mais moyen unique & merveilleux dans son effet, qui est d'entretenir l'union dans les Corps, dont les Membres sont portez à la division, & par conséquent de procurer aux hommes par leur union une lumière, une force, une félicité, qu'ils ne sauroient se procurer sans union.

## OBJECTION XI.

Le Conseil du dedans du Royaume paroît fort peu utile, puisque les autres renferment tous les genres d'affaires, Finances, Commerce, Guerre de terre, Guerre de mer, affaires étrangères & Religion ; on ne peut lui renvoyer que des affaires détachées des autres Conseils.

## *RÉPONSE.*

Il me semble que l'on peut unir à ce Conseil le Bureau de l'examen des Mémoires Politiques, pour faciliter les Reglemens & les Etablissemens nouveaux : J'expose dans le Mémoire *sur le progrès de la Politique*, les avantages immen-

immenses que ce Bureau perfectionné procureroit à l'Etat ; donc le Conseil du dedans du Royaume peut devenir infiniment utile à l'Etat.

## OBJECTION XII.

Je conviens, m'a-t-on dit, que cette forme de Gouvernement est très utile pour l'Etat, quand le Roi est laborieux, & qu'il assiste souvent à ces Conseils pour s'instruire, & pour voir les affaires de ses propres yeux, & dans leur source ; mais quand le Prince est ou peu intelligent, ou peu laborieux, ou livré à ses plaisirs, il vaut mieux qu'il ait un premier Ministre, en qui toute l'autorité soit réünie, parce que la corruption se met bien-tôt dans tous ces Conseils ; c'est à qui s'enrichira le plus aux dépens du public, & il est plus utile à l'Etat de n'avoir qu'un seul homme à enrichir, que d'en avoir soixante.

## RÉPONSE.

1°. Comme cette forme convient parfaitement à un Prince laborieux, intelligent, qui cherche à s'instruire à fonds de tout, & qu'heureusement nous sommes dans le cas; on peut dire que le Régent ne pouvoit jamais établir une forme de Gouvernement qui lui convint davantage; & d'un autre côté il ne pouvoit jamais en choisir une plus avantageuse au Roi & au Royaume, comme nous l'avons déja démontré.

2°. Un Prince de peu de santé, de peu d'esprit, ou même un Prince fainéant, livré à ses plaisirs, aura encore plus de crédit dans son Etat, & plus de réputation parmi les Etrangers, en conservant ou en établissant la *Polysynodie*, & en partageant également l'autorité entre les Membres de plusieurs Conseils, qu'en donnant toute son autorité à un seul: C'est que la gloire des succès s'arrête naturellement au premier Ministre, quand il y en a un;

au

au lieu que la gloire ſe partage en tant de parties dans les Membres des Conſeils, qu'elle arrive preſqu'entière juſqu'au Roi, à peu près comme la valeur & la prudence des Soldats, & des Officiers Subalternes, tournent au profit du Géneral dans le gain d'une Bataille, & dans le ſuccès d'une Campagne.

*Loüis* XIII. Enfant précieux, n'eut qu'une mauvaiſe éducation, on ne l'acoûtuma point à vaincre les difficultez du travail ; ainſi ſe trouvant fort inférieur à ceux qui par l'habitude s'étoient rendus le travail facile, il n'avoit pas d'autre parti à prendre en voulant donner tout ſon tems aux amuſemens, que de choiſir quelqu'un ſur qui il pût ſe repoſer des affaires du Gouvernement ; & dans ce dégré d'éloignement où il étoit de tout travail, il valoit mieux pour lui, confier toute ſon autorité à un ſeul Miniſtre, que de la partager à trois ou quatre Miniſtres, qui l'auroient inceſſamment tiraillé chacun de ſon côté. Je croi même que de tous ceux qu'il pouvoit choisir pour la place de premier Ministre, le Cardinal de *Richelieu* étoit à tout prendre ou le meilleur, ou un des meilleurs ; mais il est certain que si dès lors la *Polysynodie* eût été établie dans la perfection où l'on peut facilement la porter, il auroit pû se dispenser également de l'application aux affaires, & gouverner cependant avec plus de tranquillité, avec autant de succès & avec beaucoup plus de réputation, qu'en choisissant comme il fit la forme de Gouvernement du *Visirat* : Je dis avec plus de réputation, & j'en apporte en preuve un seul fait ; *Grotius* alors Ambassadeur de *Suede*, alloit souvent chez le Cardinal de *Richelieu*, & on lui reprochoit de n'aller presque jamais chez le Roi, il répondit, *Qui Regit hic, Rex est : Celui qui gouverne est le Roi.* Preuve sensible que toute la gloire du Gouvernement s'arrête à celui qui gouverne, quand il est seul.

3°. A l'égard des richesses, un Premier Ministre peut prendre des présens, & vendre ainsi les Emplois, les gra-

graces & même la Justice; il peut *impunément* s'enrichir par d'autres voyes honteuses & illégitimes, parce qu'il est le maître, & qu'il n'a point de censeurs qu'il puisse craindre; il peut acquerir des richesses immenses, aux dépens de l'Etat: Mais il n'en est pas de même des Conseillers de l'Etat; quand quelques-uns d'entr'eux auroit le cœur corrompu, ils sont tous éclairez par leurs rivaux, qui sont de rigides censeurs, & la crainte d'être découvers, & de se deshonorer, suffira toûjours pour les tenir: Les voyes honteuses de s'enrichir sont donc absolument impratiquables pour eux, sur tout si la circulation des Départemens se met en usage.

## OBJECTION XIII.

Un Premier Ministre décide plus d'affaires en dix ou douze heures, que sept ou huit Conseils; donc le sistème du *Visirat* est préferable au sistème de la *Polysynodie*.

RÉ-

## RÉPONSE.

1°. Pourvû que dans le ſiſtème de la *Polyſydonie* il ne reſte point d'affaires preſſées à décider, qui ne ſoient décidées *à tems*, & que ces Conſeils ayent encore aſſez de loiſir pour décider les moins preſſées, ſans qu'il y ait aucun retardement préjudiciable au Gouvernement; le Roi & le Royaume ont tout l'avantage du *Viſirat*, & ils en évitent les grands inconveniens: Or on ſait que tous ces Conſeils qui travaillent tous les jours & à toutes les heures, ſoit en Corps, chez le Roi, ſoit partie chez eux & chez les Préſidens, peuvent aiſément décider & expedier *à tems* toutes les affaires qui ſe preſentent; donc de ce côté-là il n'y a nul avantage du ſiſtème du *Viſirat* ſur le ſiſtème de la pluralité des Conſeils.

2°. Nous voyons que dans les Républiques, toutes les affaires ſont décidées & expediées à tems dans les différens Conſeils, ſans aucun retardement qui qui ſoit préjudiciable à l'Etat; un Pre-

mier

mier *Visir* ne les expedieroit pas plus promtement : Et pourquoi la *Polyſydonie* d'une Monarchie ne pourroit-elle pas les expedier auſſi promtement, que la *Polyſydonie* d'une République ?

3°. Il y a un grand nombre de petites affaires de détail, comme de Réponſes aux Lettres, comme d'Ordres à donner, où il ne s'agit que de ſuivre les Reglemens établis : Or le Préſident de chaque Conſeil, ou même chaque Membre du Conſeil dans ſon Département, peut les décider de lui même, quand il a par écrit les cas, dans leſquels il n'a pas beſoin de conſulter ni le Roi, ni même le Conſeil ; il fait alors par conſéquent la même fonction que feroit un Premier Miniſtre. Or n'eſt-il pas évident que pour ces ſortes de petites affaires, cinquante hommes, ſuffiſamment autoriſez, en décideront plus qu'un ſeul, & cependant cela fait les deux tiers du courant des affaires de chaque Conſeil.

Il eſt vrai, qu'il eſt à propos que chacun des Conſeillers d'un Etat ait par déclaration les cas où il pourra, & où il il devra répondre ſur le champ, & décider par proviſion, en attendant qu'il puiſſe en parler au Conſeil ; mais pareilles déclarations ſont-elles impoſſibles à faire ſur les Mémoires-même des Conſeillers de chaque Département, & ſur le réſultat de leur Conſeil ? De cette ſorte un Conſeiller de l'Etat auroit une autorité abſoluë ſur pluſieurs petites affaires journalières, & décideroit en cela comme premier Miniſtre, ſans en parler au Conſeil. Le Conſeil particulier auroit auſſi une autorité abſoluë ſur des affaires plus importantes, mais non aſſez importantes pour devoir être portées ni au Roi, ni au Régent, ni au Conſeil Géneral.

4°. Parmi les affaires que chaque Membre doit rapporter au Conſeil, il y en a plus de la moitié qui ne viendroient point juſqu'au Conſeil, ſi chaque Conſeil avoit ſoin de faire tous les ans quelques Reglemens publics, pour décider des cas ſemblables, ou à peu près ſemblables à ceux qui ont été portez au Conſeil, pendant l'année précedente : Alors chaque Officier dans

 les

les Provinces, inſtruit par ces Reglemens, & par la déciſion de tous ces differens cas, verra clairement ce qui eſt de ſon devoir, ou du devoir d'un autre, quel eſt ſon droit, & le droit d'un autre; & cela diminuëroit de plus de la moitié le nombre des conteſtations, & des queſtions qui ſe preſentent tous les jours à décider au Conſeil: Or qui ne voit que ces ſortes de Reglemens propres à diminuer le nombre des affaires de chaque Conſeil ne ſont nullement impoſſibles? Donc il eſt évident que chaque Conſeil ayant moins d'affaires, expediera encore plus promtement, & cependant avec plus d'examen, celles dont il demeurera chargé.

5°. Je comprens bien qu'il y a des ſortes d'affaires, qui demandent plus de célerité que les autres, dans les déciſions & dans les expeditions, ſur tout en tems de Guerre; mais rien n'eſt plus aiſé que de leur donner pour lors plus de célerité: La multiplication des roües donne plus de force & de juſteſſe à la machine, mais c'eſt aux dépens de la vivîteſſe ; on peut alors diminuer le nombre des roües , & faire que les principaux reſſors agiſſent ſans empêchement, & preſque immédiatement, la machine ira pour lors avec une vîteſſe ſuffiſante ; & l'interêt public devenu plus vif dans chaque Citoyen , dans les malheurs publics , fera que chacun , malgré ſes interêts particuliers, ira plus droit & plus conſtamment vers le bien public. Les *Romains*, qui craignoient tant la Royauté , c'eſt-à-dire, la forme de Gouvernement , où faute de *Polyſynodie* l'on abuſe ſouvent de l'autorité , ont donné quelque fois toute l'autorité de l'Etat à un ſeul homme, pour diſpoſer lui ſeul pendant la tempête des forces de la République : Or le Roi eſt un Dictateur né ; rien ne l'empêchera jamais d'uſer de la plus grande célerité , dans les affaires où elle eſt néceſſaire.

N 6°. Si quelqu'un de nos Rois peut parvenir à faire ſigner le *Traité fondamental de police entre Souverains* , pour rendre la Guerre impoſſible, & la Paix inaltérable , au dedans & au dehors , pro-

proposé autrefois par *Henry* IV. on n'aura plus à craindre ces tempêtes dans le Corps Politique ; rien ne périclitera, & l'on aura tout loisir de remedier aux maux ordinaires avec une célérité suffisante, sans être forcé de donner à personne, pour un tems limité, l'autorité d'un *Visir*, ou d'un Dictateur : Or j'ai démontré ailleurs, que le Régent lui-même peut facilement faire signer ce *Traité fondamental.*

7°. Hors le cas de Guerre, le grand nombre des décisions que l'on peut faire en un jour, n'est pas ce qu'il y a de plus important ; c'est la grande utilité de chaque décision, tant par rapport à l'interêt du Roi, que par rapport à l'interêt des Sujets : Voilà ce qui est de plus important.

8°. Cette grande utilité de chaque décision ne dépend-elle pas & du plus de lumières dans l'esprit, & du plus de droiture dans la conduite, pour suivre plûtôt l'interêt du public, que l'interêt particulier ? Or peut-on croire d'un côté, qu'il y ait plus de lumières dans

dans un seul, que dans trente autres qui lui seront égaux en esprit ? & peut-on croire de l'autre, que ce Premier *Visir*, s'il n'est pas cet homme qu'on ne trouve point, ne songe beaucoup plus dans ses décisions journalières, à se conduire suivant ses interêts particuliers, qu'à procurer l'avantage du Roi & du Royaume, lors qu'il peut prévariquer *impunément* ? Ainsi plus il fera de décisions par jour, pis ce sera pour l'Etat.

Je sai bien qu'un homme pour donner bonne opinion de son desinteressement, pour acquerir du crédit, pour s'établir dans un grand Poste, pour s'y affermir, peut sacrifier pendant quelque tems ses interêts particuliers, ses plaisirs, son loisir, sa liberté, ses fantaisies, ses ressentimens, ses jalousies, à l'interêt du Roi, à l'interêt du public. Mais dès qu'il sera établi & affermi, vous le verrez bien-tôt redevenir homme du commun; c'est qu'autant qu'il est naturel à un ambitieux de faire beaucoup de sacrifices, pour arriver à la première Place, autant est-il il naturel qu'il se dispense de tous ces facheux sacrifices, lors qu'il y est arrivé, & dès qu'il s'y trouve suffisamment affermi?

Mais, dira-t-on, ne peut-on pas trouver un homme tellement passionné pour la belle gloire, qu'il lui sacrifiera pendant toute sa vie tous ses autres goûts, toutes ses autres passions? Ne peut-on pas trouver un Premier Ministre d'un génie sublime, un homme actif, temperant, laborieux, sans vanité, sans ambition dereglée, sans aucun désir de s'enrichir, sans ressentiment à l'égard de ses ennemis, sans penchant pour élever sa Maison, pour favoriser ses parens & ses amis, sans goût pour les plaisirs, sans crainte d'être déplacé, rendant toûjours justice au mérite, sans acception de personne, sans partialité pour ses parens, & pour ses anciens amis? Je répons à cela, que ce seroit un grand miracle, si nous le trouvions: Mais devons-nous, en choisissant une forme de Gouvernement, en choisir une, qui à moins qu'elle ne soit miraculeuse, ne sauroit être

être pour le Roi & pour nous, que très-pernicieuſe.

9°. Quand par miracle vous auriez un excellent *Viſir* pendant quelque tems, ſon ſucceſſeur choiſi par un Favori, par une Maîtreſſe, ne pourra-t-il pas détruire en trois ou quatre ans, ce que l'autre auroit eu bien de la peine à établir en trente ou quarante ans de travail: Nouveau *Viſir*, nouvelles maximes; donc le *Viſirat* eſt bien moins conſtant dans les bonnes maximes, que des Conſeils qui ſubſiſtent toûjours.

10°. Quand un Etat eſt gouverné par un grand *Viſir*, il y a dans les affaires *trois interêts* à concilier; celui du *Viſir*, celui du Roi, & celui des Sujets: Or qui doute que le *Viſir* ne préfere preſque toûjours ſon interêt particulier, lors qu'il le peut préferer *impunément*? Qui ne voit qu'il ne marchera vers l'interêt du Roi & de ſes Sujets, qu'autant que ces deux interêts s'accommoderont avec le ſien? Il n'en eſt pas de même dans le Gouvernement Ariſto-monarchique, c'eſt-à-dire,

dire, dans la *Polysynodie* : Comme les Conseillers de l'État sont perpetuellement observez par leurs concurrens, & qu'ils ne pourroient pas préferer *impunément* leur interêt particulier à l'interêt de l'Etat ; il ne leur reste que deux interêts à concilier, c'est-à-dire, l'interêt du Roi sage à l'interêt des Sujets ; & c'est ce qu'il y a de plus aisé.

11°. Le Roi & le Royaume, par l'établissement des Conseils, ont, comme j'ai dit, deux avantages considérables. Le premier est, que les Conseillers de l'État ont tous ensemble beaucoup plus de lumières, que n'en auroit un seul d'entr'eux, pour aller plus droit vers le but du bon Gouvernement ; puisqu'ils sont tous de la même Classe, & que le tout vaut mieux que sa partie. Le second, c'est que marchant *tous de compagnie*, *& se regardant toûjours les uns les autres*, ils ont une volonté beaucoup plus ferme & plus constante, que ce Premier Ministre n'auroit, pour faire toutes les décisions, par rapport à ce but, qui

 est

est la plus grande utilité de l'Etat. J'en ai dit la raison ; c'est qu'alors l'interêt particulier de leur réputation les fait marcher nécessairement vers l'interêt commun, *lorsqu'ils marchent de compagnie* ; au lieu qu'il n'y auroit peutêtre aucun d'eux, qui devenu Grand *Visir* bien affermi, *marchant séparement*, & sans aucune dépendance de la volonté des autres, *sans avoir de camarades pour témoins*, sans aucun besoin de l'opinion des autres, ne négligeât souvent l'interêt de l'Etat, c'est-à-dire, l'interêt du Roi & des Sujets, pour suivre son interêt particulier. Et voila la difference principale qu'il y a entre l'homme, *qui marche sans témoins*, & l'homme *qui marche en compagnie* ; celui-ci est forcé de marcher *pour ses camerades*, comme ses camarades sont obligez de marcher *pour lui*, & tous marchent droit vers l'interêt commun. Or avoir trouvé le secrèt de faire ainsi marcher les Ministres avec ardeur, avec constance, & par amour propre vers l'interêt public ; c'est avoir atteint au sublime de la Politique, qui est elle-

même

même la plus sublime & la plus utile de toutes les Sciences humaines.

12°. Il ne faut pas s'attendre qu'une grande machine, composée de tant de roües, puisse acquerir dès le commencement toute la vîtesse & la facilité dans ses mouvemens, qu'elle pourra acquerir avec le secours des Observations, que feront en plusieurs années ceux qui ont soin de la faire mouvoir.

13°. Ceux qui ont l'honneur d'assister aux Conseils, & qui voyent de plus près que moi la nature & l'origine des affaires qui s'y rapportent, les méthodes dont elles y sont traitées, pourront mieux que tous autres proposer dans des Mémoires les vûës qui leur viendroient, soit pour diminuer le nombre de ces affaires par de nouveaux Reglemens, soit pour les expedier plus promtement, avec plus de justice pour les particuliers, & plus d'utilité pour l'Etat. Ainsi, je voudrois qu'il fût établi qu'au commencement de chaque année le Roi leur demandât à chacun un Mémoire cacheté en deux ou trois feüilles au plus, sur le perfectionnement de leur Conseil. Ces Mémoires seroient ouverts & examinez au Conseil Géneral; si quelqu'un ne donnoit aucune vûë pour ce perfectionnement, il déclareroit du moins dans son paquet, qu'il n'a rien trouvé à propos; ce qui seroit une sorte de honte de ne rien apporter au Trésor public, lorsque les autres y apportent quelque chose. On sait assez qu'il y a beaucoup de gens sages, qui par trop de timidité n'oseroient proposer des vûës très salutaires: Or ils s'y trouveroient forcez, pour satisfaire au Reglement & à leur devoir. Ce Reglement exécuté, produiroit même un bon effêt, c'est que la même vûë étant proposée par un grand nombre de Conseillers de l'Etat, en acquiereroit une autorité beaucoup plus grande, & presque suffisante pour déterminer à en former un Reglement utile.

## OBJECTION XIV.

Un homme d'un génie élevé peut avoir de beaux projets, qu'il exécuteroit facilement pour l'avantage de l'Etat, s'il étoit premier Ministre ; il ne les propose seulement pas, parce qu'il craint la contradiction de ses camarades qui s'y opposeroient, ou faute de lumières, ou par esprit de jalousie.

## *RÉPONSE.*

1°. Il y a bien de ces beaux Projets qui ne sont rien moins qu'utiles dans le fonds, & qui ne sont pas pratiquables; mais s'ils sont véritablement utiles, & si l'Auteur se donne la peine & la patience d'en bien démontrer l'utilité & la *pratiquabilité*; si ses camarades sont comme lui d'excellens esprits, il n'a rien à craindre de leur contradiction, & s'il ne réüssit pas dans un tems, il réüssira certainement dans un autre : La vérité à la longue se fait jour, & prend toûjours le dessus.

2°. Si ces Projets n'ont qu'une utilité apparente, s'ils ne sont point praticables, s'ils sont tels qu'ils coûteroient plus à exécuter qu'ils ne produiroient de proffit, si dans le fond ils sont pernicieux ; il est très avantageux à l'Etat que ce Conseiller de l'Etat ne soit pas Grand *Visir*, & que dans le Conseil particulier où il travaille, on puisse s'opposer à ses projets, & les contredire : Or souvent ces beaux projets n'ont que l'apparence de l'utilité.

N 3°. Par l'établissement du Conseil de l'Examen des Mémoires Politiques, sur tout de la manière dont j'ai proposé de le perfectionner dans le Mémoire, pour procurer le progrès de la Politique ; quiconque fera une proposition avantageuse à l'Etat, non seulement ne trouvera point d'opposition dans ce Conseil, mais il y trouvera au contraire toute la protection qu'il peut souhaiter ; & tout ce qui aura été proposé d'avantageux sera exécuté, dès que d'autres projets plus importans ou plus pressez pourront le permettre.

Donc

Donc de ce côté-ci la *Polysynodie* a les mêmes avantages que le *Visirat*, & n'en a point les inconveniens.

## OBJECTION XV.

Vous supposez que les Membres des Conseils seront un jour aussi capables les uns que les autres, & que chacun d'eux pourroit être aussi grand Ministre, que le Cardinal de *Richelieu* : Or cela est fort éloigné de la vérité.

## *RÉPONSE.*

1°. Il ne faut point se faire une fausse idée de la grandeur du génie du Cardinal de *Richelieu*, ni de sa grande habileté dans la Politique : Il me semble que c'est lui faire justice entière, que de le regarder comme un génie de la première classe. La Politique est une Science où l'on excelle, 1°. par la pénetration de l'esprit, pour débrouiller & pour éclaircir les matières obscures. 2°. Par l'étenduë de l'esprit, pour embrasser & comparer beaucoup de de vûës & de rapports en même tems. 3°. Par la justesse de l'esprit, pour appercevoir facilement & finement la foiblesse ou la force d'un raisonnement, la proportion ou la disproportion d'un moyen avec sa fin. Or je ne vois rien dans ce que le Cardinal de *Richelieu* a exécuté ou écrit en fait de Politique, & sur d'autres matières, que n'eût pû écrire ou exécuter un autre génie de la première classe; je n'y vois rien qui prouve que du côté de la pénetration, de l'étenduë & de la justesse d'esprit, il fût le seul de sa classe, & que l'on n'eut pû trouver en *France* dans l'Epée & dans la Robe, dans le Clergé, dans le Ministère même, cent génies naturellement aussi grands, aussi pénetrans, aussi justes, en un mot de sa force, qui eussent pensé & écrit aussi profondément que lui sur les mêmes choses; s'ils s'y étoient appliquez aussi long tems que lui, & s'ils avoient eu les mêmes occasions que lui, de faire les mêmes experiences.

Il voulut se mesurer avec les meilleurs Poëtes de son tems sur la Science du du Théatre, il voulut se mesurer avec les meilleurs Théologiens sur la Controverse ; & on sait qu'il n'y montra pas de supériorité, & cela, parce qu'il avoit beaucoup moins étudié ces matières, qu'ils n'avoient fait ; il auroit eu le même sort, s'il eût voulu se mesurer avec *Descartes* sur la Phisique & sur la Géometrie, parce qu'il avoit moins médité sur ces matières, que ce grand Philosophe son contemporain.

La grandeur d'esprit demande non seulement une heureuse naissance du côté des organes, & une bonne éducation dans la première jeunesse ; mais elle demande encore la lecture des meilleurs ouvrages sur la matière, beaucoup de méditation sur ces lectures, & des disputes fréquentes avec ceux qui font la même étude : Alors on peut dire qu'à naissance également heureuse, c'est le plus d'exercice, & d'un exercice assidu avec les plus forts, qui fait qu'un génie monte à la première classe, tandis que l'autre faute d'un exercice égal demeure dans la seconde ; que l'un y arrive à 30. ans, tandis que l'autre n'y arrive qu'à 50. Et si l'on établit trois classes de bons esprits, on peut dire qu'il y en a, qui faute d'une naissance fort heureuse, ne sauroient même avec le plus grand travail & les meilleurs exercices, passer la troisième classe ; j'entens par ces bons esprits, ceux qui sont supérieurs au commun des esprits.

2°. Ceux qui gouvernent aujourdhui les affaires publiques, ont sur le Cardinal de *Richelieu* l'avantage d'avoir pû proffiter de ses Ecrits, & de ceux du peu d'Auteurs de Politique, qui ont écrit depuis lui. Ainsi, quand nos Conseillers de l'Etat seroient réellement d'une classe inférieure à ce premier Ministre pour le génie naturel, ils seroient pour le moins de la même classe pour les lumières sur la Politique, à cause du progrès qu'ils ont fait dans cette Science, avec le secours de ses découvertes & des découvertes postérieures. Nous avons aujourdhui en *France*, cent Phisiciens, cent Géometres, qui quoique beaucoup inférieurs en génie au grand *Descartes*, sont néan-

néanmoins beaucoup plus habiles, qu'il n'étoit en Phisique & en Géometrie, quoiqu'il fut dans ces Sciences le plus habile, & de beaucoup le plus habile de son tems; c'est qu'ils ont proffité depuis 70. ans de ses lumières, & de celles de ses Disciples.

3°. Comme il est fort possible que la Politique fasse en *France* un grand progrès d'ici à 20. ou 30. ans, & que l'on ait mis en œuvre les moyens que je propose dans un autre Mémoire, pour mesurer l'étenduë & la justesse d'esprit de ceux qui s'appliqueront à la Politique, il sera aisé de n'employer un jour dans les Conseils que des génies de la première classe. Et si l'on perfectionne l'établissement commencé pour le Progrès de cette Science, il est certain que ceux qui entreront alors dans les Emplois publics auront encore plus de lumières, que n'en ont ceux qui y sont aujourdhui, & que nos Conseils seront remplis de personnes d'un génie égal, & beaucoup plus habiles dans les diverses parties de la Politique, que n'étoit il y a 76. ans le grand Cardinal de *Richelieu*, & *c'est ce qu'il falloit prouver*.

## OBJECTION XVI.

Le Cardinal de *Richelieu* fit plus pour la *France*, que n'auroient fait soixante hommes aussi habiles que lui, répandus en differens Conseils, qui n'auroient eu chacun que la soixantiéme partie de son autorité; parce qu'ils se seroient toûjours opposez aux avis les uns des autres.

## *RÉPONSE.*

1°. Il faut distinguer la délibération d'avec l'exécution. Il est vrai que jusqu'à ce qu'un Conseil ait pris une résolution à la pluralité des voix, il y a souvent de la contradiction entre les avis; mais la chose étant résoluë & décidée, il n'y a point d'opposition dans l'exécution: Et comme la contradiction donne plus de lumiéres, on peut dire qu'un Conseil, composé de dix Cardinaux de *Richelieu* se trompera ra moins souvent dans ses résolutions, que l'un d'entr'eux, si personne n'osoit le contredire.

2°. J'ai déja répondu que le Conseil de l'examen des Mémoires-Politiques seroit fort interessé à appuyer toutes les propositions avantageuses.

3°. Quand l'on trouve grand nombre de contradictions dans les Conseils, c'est une preuve qu'il est composé d'esprit, dont le dégré de lumière est fort different : Or en supposant qu'ils seront un jour choisis par leurs pareils, entre les génies de la première classe, & entre ceux qui seront les mieux intentionnez pour le bien public; il est impossible qu'il y ait alors tant de contradictions, & qu'il ne s'y trouve pas au contraire beaucoup d'uniformité dans les avis, causée par l'égalité, ou par la presqu'égalité de lumière.

## OBJECTION XVII.

Un premier Ministre recueille seul la gloire du succès de ses entreprises, & c'est pour lui un puissant ressort, que ne peuvent avoir les Membres de divers Conseils ; car dès que la gloire se partage en tant de parties, elle ne peut plus être un assez puissant ressort pour surmonter les difficultez, qui demandent souvent de grands efforts d'esprit & de courage.

## RÉPONSE.

1°. Qu'importe à l'Etat qu'un seul homme ait toute la gloire d'une entreprise avantageuse, ou que cette gloire soit partagée, pourvû que la chose soit mûrement examinée, & également bien exécutée : Or j'ai montré ailleurs que par l'établissement d'un Conseil pour les progrès de la Politique, toute proposition avantageuse seroit reçûë, appuyée & exécutée.

2°. Un Premier Ministre faute d'assez de lumières, peut comme nous avons dit, entreprendre une chose, qui à tout compter sera très desavantageuse à l'Etat : Or n'est-il pas évident que le *Conseil pour le progrès de la Politique*, & les autres Conseils ayant incompa-

rable-

rablement plus de lumières qu'un seul homme, seront incomparablement moins sujets à commetre de pareilles fautes.

3°. Un premier Ministre négligeroit des projets très importans, dont il n'étoit pas l'auteur, pour en exécuter d'autres incomparablement moins avantageux, parce qu'il les avoit imaginez: Or par l'établissement de la *Polysynodie*, l'Etat ne sera plus sujèt à un pareil inconvenient, le projèt le plus pressé & le plus important passera devant le moins pressé, & devant le moins important.

4°. Je ne voi pas, pourquoi un Conseiller de l'Etat ne pourroit pas être excité par la gloire à faire réüssir un grand projèt, dont il seroit l'auteur; car quoique pour le faire rectifier & pour l'exécuter, il soit aidé des lumières & de l'autorité de ses Confrères, il est pourtant certain qu'il en recueillira seul toute la gloire du succès. Voilà donc le ressort de la gloire conservé dans toute sa force, pour exciter cinquante ou soixante hommes aussi capa-

capables que ce *Visir* à entreprendre des affaires extraordinaires : Et à l'égard des travaux ordinaires, nous avons montré que la circulation des Départemens dans les Conseils, entretiendroit l'émulation entre les Membres : Or ce ressort ne suffit-il pas, pour les faire tous travailler continuellement avec ardeur & à l'envi les uns des autres? La *Polysynodie* a donc encore de ce côté-ci les mêmes avantages que le *Visirat*, & n'en a point les inconveniens.

## OBJECTION XVIII.

La décision des affaires, les entreprises, les Négociations particulières doivent avoir rapport à un même plan general du Gouvernement : Or dans la *Polysynodie* chacun des Conseillers a son plan general, & cette diversité de plans produit nécessairement des décisions, qui se contredisent, & des embarras dans le mouvement general.

RÉ-

## RÉPONSE.

1°. Il n'est pas vrai, que les Conseillers ayent dans le Gouvernement des plans generaux qui soient opposez. Il y a huit matières generales qui composent un Gouvernement, Justice, Police, Finance, Guerre, Marine, Commerce, Affaires Etrangeres, & Affaires de Religion : Or peut-il y avoir d'autre plan general, que de chercher les moyens les plus convenables de perfectionner beaucoup en peu de tems les Reglemens, & les établissemens qui ont rapport à ces huit matières generales ? Ces differens Conseillers ne peuvent donc avoir des avis opposez que sur le choix de ces moyens, & sur les meilleurs partis qui sont à prendre : Or n'est-il pas visible que l'on trouve sur cela plus de lumières dans une assemblée de dix hommes également habiles, que dans la tête de l'un de ces dix ? Donc chaque Conseil se trompera moins souvent qu'un des membres ; donc chaque Conseil pren-

prendra plus ſouvent le meilleur parti en chaque affaire; donc il y aura plus de liaiſon, plus de rapport dans la déciſion des affaires particulières au plan géneral. Car enfin on ne peut pas imaginer un plus grand rapport des déciſions des Conſeillers au plan géneral d'un bon Gouvernement, que lorſqu'ils prennent plus ſouvent, & plus ſûrement, le meilleur parti, dans chaque affaire particulière, par rapport au bien géneral de l'Etat; car enfin le meilleur plan géneral, n'eſt-ce pas celui qui va le plus droit au plus grand bien de l'Etat, dans chaque affaire particulière?

Je ſai bien que ſelon l'occaſion on doit préferer le progrés d'un genre d'affaire, au progrès d'un autre genre d'affaire; par exemple le grand progrès de la Guerre en certaines occaſions, au grand progrès du Commerce: Mais n'eſt-il pas évident que lorſqu'il s'agira de cette préference dans un Conſeil, les réſolutions qui y ſeront priſes, ſeront toûjours plus convenables au meilleur plan géneral; c'eſtc'est-à-dire, au plus grand bien de l'Etat; que si ces résolutions dépendoient de l'avis d'un seul de ces Ministres, qui n'auroit que des lumières égales à chacun des autres, & qui viseroit toûjours plus à son interêt particulier, qu'à l'interêt public.

2°. Quand par malheur un premier Ministre prend les plus mauvais moyens, pour perfectionner chacune de ces huit matières principales, il est bien plus difficile de le faire changer de route, que de faire changer un Conseil, qui se seroit trompé à la pluralité; c'est que personne n'oseroit contredire le *Visir*, & lui opposer des raisons contraires à son avis, ou si on lui en dit d'assez fortes, on les lui dit trop foiblement; & il résiste par entêtement, par point d'honneur à ces raisons; au lieu que dans un Conseil où les Membres sont égaux, où il n'y a point de dépendance entre les Membres, & où il y a toûjours un peu de jalousie, la raison est appuyée avec force; & le parti de la raison après avoir été battu faute d'assez de lumières,

mières, redevient bien-tôt le parti supérieur par quelque nouvelle experience, ou par quelque nouvelle réflexion sur les experiences passées.

Donnez-nous sûreté suffisante qu'un premier Ministre sera toûjours infaillible du côté des lumières, toûjours irreprochable du côté de l'interêt particulier, & que tous ceux qui lui succederont, seront toûjours semblables à lui; & alors nous serons sûrs que ses décisions auront un parfait rapport au plan géneral, & que ce plan sera toûjours le meilleur : Mais comme il est impossible de nous donner pareille sûreté, n'est-il pas évident qu'il faut préferer la *Polysynodie*; c'est-à-dire, la forme du Gouvernement où il y a plus de lumières à esperer, & où l'interêt particulier est moins à craindre.

## OBJECTION XIX.

Le grand génie dans ces Conseils n'a que sa voix, non plus que le génie médiocre; ainsi il ne sert pas plus à l'Etat, que le génie médiocre : Au lieu

lieu que s'il étoit ou premier, ou principal Ministre, il rendroit de beaucoup plus grands services au Roi & à la Patrie.

## RÉPONSE.

1°. Le grand génie n'a que sa voix, j'en conviens ; mais il a ses lumières avec lesquelles il peut amener à son sentiment beaucoup d'autres voix ; ainsi il peut toûjours par ses lumières être plus utile à l'Etat, qu'un génie médiocre.

2°. Un grand génie dans une Compagnie est bien-tôt reconnu pour tel par ses Camarades ; & non seulement ils lui déferent davantage, mais si la Présidence circule par élection, il est plus souvent Président qu'un autre : Ainsi, il a dans sa Compagnie une autorité proportionnée à ses lumières, & rend par conséquent à l'Etat des services proportionnez à ses talens.

3°. *Ciceron* dans le Sénat n'avoit que sa voix dans les déliberations, non plus que les Sénateurs les moins éclai-

rez ;

rez; mais avec ses lumières, & même avec l'autorité qu'il avoit acquise par ses lumières, il emportoit beaucoup de voix: Ainsi, avec son grand génie, il étoit bien plus utile à sa Patrie, qu'un Sénateur d'un génie médiocre.

4°. L'autorité d'un *Visir* d'un génie supérieur est dangereuse, parce qu'elle est souvent employée par l'interêt particulier contre l'interêt public; au lieu que l'autorité de la persuasion uniquement fondée sur la force des raisons, ne peut jamais être qu'utile à l'Etat.

5°. L'objection suppose une grande supériorité de génie d'un Ministre, par comparaison aux génies de ses Collègues; mais si l'on trouve le secrèt de ne placer à l'avenir dans les Conseils, que les plus grands génies du Royaume, ils seront tous de la même classe, & par conséquent à peu près égaux; ainsi l'objection fondée sur cette grande inégalité, n'auroit plus de lieu: Or ce secrèt n'est pas introuvable, comme je le montre ailleurs.

OB-

## OBJECTION XX.

Les grandes fortunes de nos premiers Miniſtres, ou du moins de nos principaux Miniſtres étoient de grands objets, & de grands motifs pour exciter l'émulation ; au lieu que dans la *Polyſynodie* il n'y aura plus que des fortunes médiocres à eſperer : Or affoiblir les motifs, c'eſt-à-dire, le reſſort du travail, c'eſt diminuer le travail même.

## *RÉPONSE.*

1°. Le mot de grand eſt un terme relatif ; une augmentation de dix mille, de vingt mille livres de revenu de plus, peut être une recompenſe ſuffiſante pour un très grand nombre de grands génies, qui n'ont qu'une très petite fortune ; ces appointemens peuvent ſouvent doubler leur revenu : Or il n'y a perſonne, pour qui une augmentation du double de ſon revenu ne ſoit une recompenſe conſiderable.

2°. Il

2°. Il est vrai, que cette augmention de revenu ne sera pas un grand motif pour ceux, qui ont cent mille livres de rente, mais ces gens si riches sont ordinairement des génies peu laborieux; & s'ils ne peuvent être excitez à servir leur Patrie que par le motif de la belle gloire, l'Etat en perdant leur travail dans le Ministère, perd peu d'un côté, tandis qu'il gagne beaucoup plus de l'autre, par l'acquisition d'un plus grand nombre de grands génies beaucoup plus laborieux, qu'il trouve plus facilement parmi les Gentilshommes moins riches, que parmi les plus riches; parce que les moins riches sont en beaucoup plus grand nombre.

4°. Ce qu'il y a de plus désirable dans les Emplois, ce n'est pas l'augmentation de revenu; c'est pour les grandes ames les moyens d'acquerir de l'estime & de la réputation en travaillant plus utilement, que les autres pour le bien public.

4°. La consideration, la distinction, & le relief que donnent les places dans les

les Conseils, est une sorte de bien que ne donnent pas les richesses. Cela est si vrai, que sans ce motif les gens riches n'acheteroient pas tous les jours bien chèr des Charges, qui donnent séance dans les Parlemens, & dans le Conseil de Justice ou des Parties; qui rapportent très peu de revenu, mais qui donnent beaucoup de considération dans le monde. Le grand Pensionnaire de *Hollande* n'a de la République que dix mille francs d'appointemens; & cependant cette Place ne laisse pas d'être fort désirée par beaucoup de grands hommes de la République, soit par des motifs de gloire, soit par des motifs de consideration.

## OBJECTION XXI.

Si vous supposez que le Roi assiste quelquefois aux Conseils particuliers, pour avancer la décision des affaires, on n'aura pas le loisir d'y lire les dépêches entières; ainsi il faudra en revenir à la Coûtume des extraits.

## RÉPONSE.

1°. Comme le Roi n'assistera à ces Conseils particuliers, qu'à l'occasion d'affaires assez importantes pour être décidées devant lui, & assez pressées pour n'être pas portées au Conseil Géneral, on aura alors assez de loisir pour y lire les dépêches entières.

2°. Si le Roi n'a pas assez de loisir pour assister à quelques Conseils, le Président d'un Conseil & le Rapporteur de l'affaire peuvent lui faire un rapport abregé, & un extrait des dépêches, & lui lire le résultat du Conseil, fait non sur des extraits, mais sur les dépêches entières & originales: Or alors le Rapporteur ayant d'un côté le Président pour témoin, & ayant pour guide le Résultat du Conseil particulier, & les extraits des dépêches faites avec ces précautions & cette fidelité, ils ne pourront jamais tromper le Roi sur aucun fait tant soit peu important.

OB-

## OBJECTION XXII.

La nouvelle forme de Gouvernement seroit meilleure que l'ancienne, si elle étoit durable, mais il est aisé de montrer qu'elle ne sauroit durer.

Le crédit est un bien, qui ne peut guères s'augmenter qu'aux dépens du crédit des autres; il est naturel que les hommes travaillent à l'augmenter, & que les ambitieux y travaillent plus que les autres. Les Présidens des Conseils sont des hommes; ainsi pour augmenter leur crédit aux dépens des Conseillers de l'Etat, ils prendront les moyens les plus propres pour se rendre le plus qu'ils pourront les maîtres de la plûpart des affaires, & ils auront pour cela deux moyens très faciles. Le premier, c'est de s'accoûtumer à proposer *recta* au Roi, sans témoins, le plus d'affaires qu'ils pourront, sans les mettre en déliberation à leur Conseil. Le second, c'est de faire leurs rapports au Roi, sans aucuns témoins, de tout ce qui aura été déliberé à ce Con-

Conſeil. Il eſt viſible qu'alors pouvant diſſimuler les raiſons du parti oppoſé au leur, ou les affoiblir, ils ſe rendront facilement les maîtres des déciſions ; & gouverneront ainſi le Roi chacun dans leur Département, comme les *Demi-Viſirs* gouvernoient le feu Roi *Louïs* XIV. & ils le gouverneront avec d'autant plus de ſûreté, qu'il ne s'appercevra point d'être gouverné.

Pour colorer une pareille conduite, ils diront, 1°. qu'il y a des affaires preſſées, qu'il faut décider ſur le champ. 2°. Qu'il y en a qui demandent du ſecrèt, & qu'il n'eſt pas beſoin de les faire baloter en plein Conſeil. 3°. Qu'il y en a d'autres, qui quoi qu'importantes ſont toutes décidées par elles mêmes. Qu'enfin il y en a pluſieurs qui ne ſont pas aſſez importantes pour occuper une compagnie entière dans ſes déliberations ; ils diront que l'expedition des affaires en eſt plus promte, qu'après tout le Roi voit auſſi clairement lui ſeul, ce qu'il eſt plus à propos de faire, que tous les Conſeillers enſemble, qu'il n'y a que les

les choſes difficiles & douteuſes, où l'on ait beſoin de Conſeil, & qu'il y en a peu de cette eſpèce pour un grand génie; enfin les raiſons apparentes & flateuſes ne leur manqueront pas.

Les Préſidens prendront ainſi peu à peu, chacun dans leur Département, la même autorité qu'avoient les *Demi-Viſirs* ſous le feu Roi; les Conſeillers de l'Etat ne ſeront plus, pour ainſi dire, que leur premiers Commis, & voila l'ancien Gouvernement rétabli parmi nous ſous des noms différens, & la *Polyſynodie* redevenuë *Demi-Viſirat*.

Si le Roi devient infirme, pareſſeux, ou voluptueux, ou d'une humeur difficile, il s'attachera davantage à un Préſident flateur, agréable, ſpirituel, aſſez ambitieux pour être & fort complaiſant, & fort laborieux, qu'à un autre qui aura plus de droiture, plus de fermeté & moins d'agremens dans les manières, qui ſera moins deſintereſſé & moins laborieux; & l'on verra que les places des Préſidens venant à vaquer, le Roi réünira deux ou trois Places ſur une ſeule tête, & voila le véritable *Viſirat*, qui reviendra parmi nous par dégrez insensibles.

Si le Roi craint le travail, s'il devient vieux, il se trouvera d'autant plus disposé à se confier à celui qui s'offre de le décharger de toute la peine. D'ailleurs plus le Roi aura bonne opinion de sa propre capacité, & du peu d'habileté des autres, plus il se trouvera disposé à écouter les choses que lui dira le Président, pour lui faire mépriser les avis des Conseillers, & même pour les faire regarder les uns comme des fainéans, des moqueurs, des indiscrets, des ignorans; les autres pour des envieux, pour des mutins, pour des factieux; & quelques-uns pour gens capables de corruption.

On peut dire qu'en faisant attention d'un côté au penchant que les Rois, comme la plûpart des autres hommes, ont à la paresse, à la volupté & à la présomption; & qu'en faisant attention de l'autre à l'ambition, qui est naturelle aux principaux Ministres, tout Gouvernement Monarchique tend naturellement, & par son propre poids, au au *Visirat*, & s'en approche sensiblement tous les jours, comme tout Gouvernement Républicain s'approche tous les jours naturellement du Monarchique.

Si nous avions sûreté suffisante d'avoir toûjours pour Présidens de véritables *Catons*, qui par amour de la belle gloire & de la vertu, penchassent toûjours davantage vers le bien de l'Etat, que vers leur interêt particulier; j'avouë que mon objection n'auroit aucun fondement, mais plus l'homme est ambitieux, plus il est capable d'une profonde hipocrisie, jusqu'à ce qu'il puisse se montrer *impunément* dans tout son naturel: Et qu'y a-t-il de plus ordinaire, que de voir rechercher avec le plus d'empressement les plus hautes places, par ceux qui ont le plus de cette sorte d'ambition, qui approche plus du vice que de la vertu?

Après tout, la *Polysynodie*, cette forme de Gouvernement si belle dans la spéculation, doit être regardée comme un Gouvernement contre nature, qui par conséquent ne sauroit durer, ſur tout tandis que la Préſidence ſera permanente, & que l'on n'aura point trouvé le ſecrèt de partager l'autorité également, ou preſqu'également entre les Conſeillers de l'Etat, ce qui eſt un ſécrèt introuvable : Or dès que la *Polyſynodie* n'eſt pas durable, il valoit autant s'en tenir à l'ancienne forme de Gouvernement, à laquelle nous étions tous accoûtumez ; & ſe ſervir de trois ou quatre *Demi-Viſirs*, ou prendre un Premier Miniſtre, un premier *Viſir*, qui eût lui-même choiſi les *Viſirs* ſubalternes à ſa fantaiſie.

## *RÉPONSE.*

Cette Objection a quelque choſe de ſpécieux ; mais on va voir qu'en effet elle n'a rien de ſolide.

Le Régent, non plus que le feu Duc de *Bourgogne*, en établiſſant la *Polyſynodie*, n'a ſongé qu'à la forme de Gouvernement, avec laquelle il pût voir plus ſouvent la vérité des faits, & acquerir les lumières de beaucoup d'habiles gens, en travaillant beaucoup

avec

avec eux tous, & assistant à toutes les discussions d'affaires très importantes à l'Etat. Je conviens qu'il n'a pas songé encore à perfectionner cet Etablissement, au point que les Rois fainéans & voluptueux pussent en tirer plus d'avantage que du *Visirat*; mais la chose est possible : Et comme le plus difficile est fait, ce qui reste à faire est très aisé.

1°. Il est vrai que l'ambition de ceux qui présideront aux Conseils, les fera toûjours tendre à augmenter leur crédit aux dépens des autres Membres du Conseil; & que si l'on ne trouve pas le moyen de diriger & de refrener l'ambition dereglée des Présidens trop ambitieux, ils ruineront peu à peu, comme de concert, le plus bel Etablissement que l'on puisse imaginer. C'est un inconvenient fondé sur la nature des hommes; mais enfin il y a un remède tout trouvé, c'est d'établir l'égalité entière dans les Membres, & de les faire circuler dans tous les Départemens, & sur tout de faire circuler entr'eux la Présidence : Ainsi chaque

Conseil peut tous les deux où trois ans proposer trois Conseillers, dont le Régent choisira un pour Président.

Il est visible que ce remède est infaillible, puisqu'alors les Présidens, pour être élûs une autre fois, n'oseront rien faire pour empièter sur l'autorité de ceux qui peuvent leur donner, ou leur refuser leur voix pour l'élection : Plus ils seront ambitieux, plus ils craindront de passer pour tels. On peut donc remedier *par art* à l'inconvenient de la *nature* : Et ce remède, c'est la *circulation de la Présidence*.

N 2°. Nous avons déja dit qu'il est facile au Régent d'ordonner aux Présidens, de ne lui parler que des affaires proposées au Conseil, & de ne lui en parler qu'en présence du Rapporteur de chaque affaire, ou du Conseiller de semaine : Et effectivement, ce qui est assez important pour ne pouvoir être décidé que par le Régent ou par le Roi, n'est-il pas assez important pour être mis en délibération au Conseil ? Et si le Président ne veut dire au Régent, au Roi, au Conseil Géneral, que

que la vérité, pourquoi craindroit-il d'avoir un témoin de sa conduite?

3°. Il est vrai que les Départemens ne sont pas égaux, & qu'il y en a qui ont quatre fois plus d'autorité que d'autres; cela ne peut pas être autrement par la nature des affaires. Il est vrai même, qu'en ce sens il est impossible que l'autorité soit également partagée entre les Conseillers d'un même Conseil; mais dès que la circulation des Départemens sera établie, il est visible que les Membres ayant tour à tour les Départemens de la plus grande autorité, cet expédient rendra le partage de cette autorité entre les Membres tout aussi égal qu'on puisse le rendre: Or cette sorte d'égalité ne sera-t-elle pas suffisante, pour empêcher l'interêt particulier de ruiner peu à peu un Etablissement, si avantageux pour l'interêt public.

Alors l'ambition des Conseillers de l'Etat ne pourra plus tourner à la ruine du Gouvernement; cette passion, qui est si naturelle à l'homme, si utile & en même tems si dangereuse à la société, ne deviendra qu'une émulation loüable, & tournera ainsi au proffit du Roi & de la Patrie. Or mettre en œuvre les passions des hommes pour l'interêt commun, lors même qu'ils n'agissent que pour leur interêt particulier, c'est, comme nous avons dit, avoir trouvé, par rapport à cet Etablissement, ce qu'il y a de plus difficile & de plus important dans la Politique ; & dès que pour rendre solide l'établissement de la *Polysynodie*, le Régent n'a qu'à donner un peu plus d'étenduë dans la pratique à cette vûë merveilleuse, qu'il a euë le premier pour faire circuler les Départemens, l'objection contre la durée de cet établissement n'a plus de force.

## OBJECTION XXIII.

Il y a un grand obstacle à la circulation de la Présidence ; c'est que la chose n'a pas été ainsi établie dès le commencement, & que ceux qui ont une fois compté de présider toûjours aux autres, ne sauroient plus se résou-

dre.

dre à en être présidez ; sur tout si les Présidens sont titrez, voudront-ils avoir séance après un homme non-titré ? Ainsi l'on voit que cette circulation si belle dans la spéculation, devient impossible dans la pratique.

## RÉPONSE.

1°. Il n'est pas vrai que la Présidence soit établie comme permanente : Il n'y a sur cela aucune Déclaration publique ; ainsi le Roi peut déclarer qu'elle ne durera à l'avenir que deux ou trois ans.

2°. Supposé que les Présidens se soient attendus, quoique sans fondement légitime, à présider toûjours, ne peut-on pas trouver moyen de les dédommager de cette attente ? On peut conserver les mêmes appointemens aux Ex-présidens, on peut les destiner, comme nous avons dit, au Conseil Géneral, ils peuvent même esperer de devenir Présidens. Enfin à quelque prix que l'on mette ce dédommagement, qui n'est que passager, peut-il jamais être mis en balance contre un avantage de la dernière importance, puisqu'il s'agit de rendre parfaitement solide un établissement, dont le Royaume peut attendre des biens inestimables?

3°. Quand le Président aime plus la Patrie que son interêt particulier, il ne prétend point de démommagement en pareil cas, il se contente de la seconde place après avoir occupé la prémière; il se contente de la réputation distinguée qu'il peut y avoir acquise. Sous *Louïs* XI. & sous les Rois qui le précederent, on voyoit souvent dans le Parlement, & dans la Chambre des Comptes, le Premier Président circuler: Le Premier Président d'une année devenoit Second Président l'année suivante, & quelquefois Troisième Président la troisième année, & redevevoit quelquefois Premier Président; mais s'il étoit continué plus d'un an, il lui falloit une nouvelle Commission: Or ce qui a déja été pratiqué, peut-il être regardé comme impraticable? Mais quand un Reglement très utile n'aun'auroit point encore été mis en usage, s'ensuit-il qu'on ne doit jamais l'y mettre?

4°. Je dis que le Président, s'il est bon Citoyen, ne demande pas mieux que de servir sa Patrie dans la seconde place, quand les Loix qui regardent la conservation de la liberté, & la perfection du Gouvernement, ne lui permettent par de continuer à la servir dans la première; il ne demande point de dédommagement pour cela, parce qu'il est bon Sujèt, bon Citoyen: La bonté envers la Patrie le porte à faire plaisir à son Païs, sans esperance de recompense, il cède volontiers de ses droits, sans demander de dédommagement; & l'on peut dire même qu'une pareille conduite noble, génereuse, désinteressée, produit nécessairement une grande gloire, une grande distinction, qui est elle-même un grand dédommagement. Le Grand *Scipion*, Lieutenant de son frère dans l'armée contre *Antiochus*, ne demandoit point de dédommagement à la République, pour servir comme Lieutenant;

nant ; c'eſt qu'aux yeux du Public il ſe trouvoit dans une place plus brillante, & plus élevée dans ſa qualité de Lieutenant, que s'il eût été le Géneral. Le grand relief de bon Citoyen, c'eſt de rendre le plus grand ſervice à ſon Roi, à ſa Patrie, en ſe contentant des moindres recompenſes ; c'eſt de mettre ces recompenſes au rabais, & de pouſſer ce rabais plus loin que ſes concurrens. Je ne blâme pourtant pas ceux qui veulent bien ſervir & être bien payez, ils ſont juſtes ſans être bons ; mais ceux qui rendent ſervice égal, & qui ſe contentent à beaucoup moins, ſont plus que juſtes ; ils ſont bons envers leur Patrie, & ſont ſans doute beaucoup plus vertueux, & beaucoup plus loüables.

5°. Je dis ceci en paſſant, pour marquer qu'un Préſident titré, qui pour le bien de la Patrie demanderoit à être préſidé à ſon tour par un homme non-titré, loin de faire quelque choſe contre ſon véritable honneur, & contre ſa véritable grandeur, en deviendroit beaucoup plus grand aux yeux mê-

même du public, qui est connoisseur très délicat sur la vertu & sur le desinteressement. J'ai vû de pareils sentimens dans feu Mr. de *Vauban*; mais dans un Païs où l'amour de la Patrie s'est presqu'éteint, il faut proposer d'autres expédiens proportionnez à nos mœurs présentes: Ainsi je conclus toûjours au plein & parfait dédommagement des Présidens, qui préfereront leur petit interêt particulier au grand interêt du Roi & de l'Etat.

6°. A l'égard de la délicatesse que les hommes ont sur le rang, c'est une prétention juste; mais c'est un interêt particulier de peu d'importance, qui ne doit pas nuire aux affaires publiques, sur tout lorsqu'elles sont d'une très grande importance: Ainsi pour ne faire de peine à personne en particulier, & pour ne nuire en rien aux prétentions des differens Corps sur les rangs, le Roi n'a qu'à statuer par une Déclaration, que la place que l'on prendra dans les Conseils, ne décidera de rien sur la préséance dans les autres lieux; alors la séance à la derniere pla-

ce

ce ne nuira en rien au Conseiller d'Etat, soit pour la séance au Parlement, à la Cour ou ailleurs ; & ainsi il n'aura point à craindre les reproches des Confrères qu'il aura dans un autre Corps, & il se placera au Conseil par ancienneté de reception : Nous avons à l'Academie *Françoise* des Cardinaux, des Maréchaux de *France*, & des Ducs-Pairs, qui ne perdent rien du rang qu'ils tiennent ailleurs pour être assis à l'Academie, au dessous d'un simple Academicien, & présidez par un homme sans naissance, & même moins ancien de reception.

7°. Par cette Déclaration on ouvrira la porte des Conseils à des personnes très habiles & zèlées pour le bien public, que quelques scrupules sur leur rang, ou sur le rang du Corps dont ils sont, en tiennent éloignez. Les Conseillers sont censez égaux dans le Conseil, comme les Academiciens dans l'Academie, parce qu'ils ont voix égale ; mais au sortir du Conseil chacun reprend le rang, qu'il a ailleurs : Ainsi les droits & les préten-

 tions

tions ſur les préſéances demeurent dans leur entier, & le ſervice de l'Etat va ſon train, & n'en ſouffre aucun préjudice.

8°. Quand dans les Conſeils on dévroit ſe paſſer de Membres titrez, l'Etat n'en ſouffriroit que dans un cas, qui eſt qu'il fût impoſſible de trouver dans des perſonnes d'un moindre rang autant de capacité, d'application au travail, & de zèle pour la Patrie, qu'il s'en trouve dans les perſonnes nées dans un rang plus élevé; mais juſqu'ici je n'ai vû perſonne qui ait foi à cette impoſſibilité.

9°. Je ſai bien que ſi les Finances d'un Etat ſe trouvoient dans un extrème deſordre, & dans un entier décreditement, il ſeroit très ſage pour y apporter un prompt remède de donner alors au plus habile, toute ou preſque toute l'autorité du Conſeil de Finance. Il eſt certain que l'arrangement ſe fait plus promptement par un ſeul que par pluſieurs. Mais 1°. cette autorité réünie en un ſeul, ne regarde qu'un Conſeil particulier. 2°. Elle n'eſt néceſcessaire que lorsque les affaires sont dans un extrême desordre, ce qui est rare. 3o. Dès que le plus habile aura fait en sorte par ses soins que les charges de l'Etat soient régulièrement payées, dès qu'il aura ainsi rétabli l'ordre & le crédit, il sera plus avantageux que tout se regle dans la suite à la pluralité des voix que par un seul; car alors le Conseil de Finance, outre les lumières de ce plus habile, aura encore les lumières des autres Conseillers, que l'on peut supposer presqu'aussi habiles, sur tout si dans la suite le Roi prend la voye de se faire proposer les trois meilleurs Sujets. Or comme le plus habile n'est pas pour cela infaillible, ses Confrères le dissuaderont quelquefois des erreurs où il peut tomber, ou du moins ils empêcheront que ses erreurs ne soient jamais préjudiciables à l'Etat.

On voit donc que les obstacles qui se présentent au perfectionnement, & sur tout à l'affermissement de la nouvelle forme de Gouvernement, sont si faciles à lever, qu'ils ne méritent presque pas le nom d'obstacles.

OB-

## OBJECTION XXIV.

Un établissement fondé sur de si grands avantages, seroit durable, si les *François* pouvoient se flater d'avoir toûjours des Rois fort prudens; mais on a vû à *Rome* des *Nerons*, des *Caligulas*, & d'autres fous de même espèce; pourquoi n'en pourroit-on pas voir ailleurs? ils sont maîtres des Armées, ils peuvent faire mourir, sans forme de procès, ceux qui reclameront contre le renversement des Loix, ou qui voudroient faire des remontrances; alors les Loix fondamentales d'un Etat, les meilleures regles établies sont-ce autre chose entre les mains des Tirans hardis & insensez, que des regles de plomb, qu'ils rompent, ou qu'ils fléchissent, comme ils veulent au gré de leurs favoris.

## *RÉPONSE.*

1°. Les *Nerons* sont des monstres assez rares, & en attendant qu'il en naisse ſe parmi nous, qui ſoient capables d'agir évidemment contre leurs plus grands interêts, en renverſant les Loix fondamentales, l'Etat peut beaucoup proffiter de la durée de ce ſalutaire établiſſement.

2°. Il eſt très poſſible que le Régent, il eſt très poſſible qu'un Roi de *France* ſigne avec les Potentats d'*Europe* le Traité de Police *Européenne*, inventé par *Henri* le *Grand*, pour conſerver les Loix fondamentales de chaque Etat: Or la Societé *Européenne* étant garante de l'exécution des Capitulations Impériales pour l'*Allemagne*, des Capitulations Parlementaires pour l'*Angleterre*, des *Pacta Conventa* pour la *Pologne*, ne pourroit-elle pas l'être auſſi de l'exécution des Capitulations Royales ſignées aux Sacres des Rois, pour la forme du Gouvernement, lorſque cette forme ſeroit paſſée en Loi fondamentale; & après tout garantir les Rois de tomber dans la tirannie des *Nerons*, n'eſt-ce pas les garantir eux & leur poſterité de leur ruine totale?

3°.

3°. On peut faire passer le Reglement de la *Polysynodie* en forme de Loi fondamentale dans les Etats Géneraux, & la faire jurer au Sacre des Rois, & lui donner ainsi la même autorité que la Loi *Salique*, qui donne au Roi tout son droit, au préjudice des descendans des filles des Rois.

## OBJECTION XXV.

Ce qui dégoute de travailler à former des Etablissemens avantageux pour les Rois & pour leurs Sujets, c'est leur peu de solidité; un jeune imprudent, présomptueux, étourdi, poussé par un grand nombre de jeunes présomptueux, ses flateurs & ses favoris, soûtenu par quelques Ministres ambitieux, peut renverser en un jour ce qui a coûté dix ans de travail à un Prince très sensé à établir & à perfectionner.

Je veux que quelque Politique ait démontré évidemment que la *Polysy-*

*nodie* eſt beaucoup plus avantageuſe pour le Roi que le *Viſirat*, & que le *Demi-Viſirat*; ſi cette démonſtration n'eſt pas connuë de tout le monde, ſi elle eſt oubliée, à quoi ſervira-t-elle?

Si cette forme de Gouvernement ne paſſe en forme de Loi fondamentale de l'Etat, le Roi & ſes Favoris daigneroient-ils jetter les yeux ſur les preuves de cette démonſtration? & comment donner à cet Etabliſſement la forme de Loi fondamentale, qu'en ordonnant en pleins Etats Generaux, que les Rois jureroient de l'obſerver comme les autres Loix fondamentales?

## *RÉPONSE*

N Qui empêche le Régent, qui empêche le Roi de faire travailler à cette démonſtration? qui empêche quand elle ſera perfectionnée, d'y ajoûter copie des Edits, des Déclarations & des autres Statuts, qui auront ſervi à former & à perfectionner cet Etabliſſement?

ment? qui empêche de faire recevoir dans les Etats Géneraux cette forme de Gouvernement comme Loi fondamentale ? qui empêche de mettre en dépôt des copies autentiques signées de lui, tant des Edits & Déclarations, que de l'Ordonnance des Etats Géneraux, & du Mémoire fondamental des motifs de ces Actes, dans les Greffes de tous les Parlemens, & de toutes les Compagnies Supérieures ? qui empêche de faire imprimer le tout, & d'enseigner ces motifs dans les Ecoles Poliques, quand il y en aura d'établies ; afin que les grands avantages de cette Loi, soient toûjours présens aux yeux de tout le monde, & que nul n'ose proposer de la renverser, sans être sûr de s'attirer le mépris de tous les gens sensez, & la haine publique de la Nation.

## OBJECTION XXVI.

Vôtre proposition pour donner aux *Ex-Présidens* l'entrée & voix déliberative dans les autres Conseils, afin qu'ils puissent s'instruire plus exactement de plusieurs genres d'affaires, & devenir plus capables d'occuper dignement une place dans le Conseil *Géneral*, priveroit le Conseil particulier, où ils ont présidé, de leurs lumières.

## *RÉPONSE.*

1°. *L'ex-Président* ne seroit pas obligé de s'absenter tout à fait du Conseil où il auroit présidé; car ce Conseil ne tenant pas tous les jours, il n'assisteroit à un autre Conseil, que le jour où le sien vaqueroit.

2°. S'il s'absentoit de son Conseil, ce seroit pour porter ses lumières & son travail dans un autre, & pour mieux servir l'Etat un jour dans le Conseil Géneral; d'ailleurs la place qu'il quiteroit par exemple dans le Conseil de Finance, pour entrer dans le Conseil de Commerce, seroit remplacée par un Ex-Président du Conseil de Commerce, qui viendroit travailler au Conseil de Finance. Cette circulation des Ex-Présidens en divers

Conſeils, ſeroit un moyen de former de ces grands génies, capables de concevoir des projets beaucoup plus étendus & beaucoup plus réguliers, pour faire faire au Gouvernement un progrès beaucoup plus grand, & beaucoup plus prompt.

3°. *L'ex-Préſident* qui n'auroit point de vûë, pour être un jour placé dans le Conſeil Géneral, ſe diſpenſeroit, s'il vouloit, d'aller s'inſtruire de tous les genres d'affaires dans les autres Conſeils, il pourroit ſe charger du Département qu'avoit le nouveau Préſident.

4°. Les plus habiles conviennent qu'une des cauſes, qui contribuoient le plus à former de grands hommes chez les *Romains*, du tems de la République, c'eſt qu'ils ſe mêloient également du Gouvernement Civil & du Gouvernement Militaire; & ſouvent même de la partie du Gouvernement, qui regardoit la Religion. Les talens de nos grands eſprits ſont préſentement bornez à un genre d'affaires; c'eſt ce qui fait qu'entre différens Etabliſſemens

mens utiles, qui se proposent, nos plus habiles Ministres ne sauroient quelquefois décider avec sûreté, lequel est préferable, & de combien il est préferable aux autres.

5°. L'homme de Guerre jugera bien entre deux Etablissemens, qui regardent la Guerre, lequel est le plus utile; mais il ne sauroit juger lequel est préferable, entre un Etablissement de Guerre & un Etablissement de Police, de Finance, de Commerce &c. Cependant faute de cette étenduë de connoissance dans chaque Conseiller du Conseil Géneral, il arrivera souvent que dans ce Conseil, le parti le moins avantageux sera préferé; & d'ailleurs l'on employe quelquefois un fonds, & un tems précieux, à faire un Etablissement de peu de conséquence, tandis que l'on pourroit employer le même tems & les mêmes deniers à en former un autre, qui seroit cent fois plus important.

6°. Les hommes ne sont pas assez heureux pour n'avoir point d'inconvenient à craindre, quelque forme de Gou-

Gouvernement qu'ils choisissent ; mais la plus dangereuse est celle, où ceux qui ont l'autorité entre les mains, peuvent en abuser *impunément* ; c'est ce que j'appelle *Despotisme* : Or chacun dans son emploi, quand cet emploi est regardé comme fixe & permanent, a bien plus de facilité d'abuser de son autorité *impunément*, & d'y exercer peû à peu une espèce de *Despotisme* ; & l'on sait que quand l'homme public ne croit point avoir de compte à rendre de ses actions, ses fantaisies, ses interêts particuliers ont plus de part à sa conduite que la raison, je veux dire, que l'interêt public : Mais qu'il craigne pour juge de ses actions un successeur son rival, il aura une conduite différente, & par conséquent très utile à sa Patrie.

7°. Consultez la forme de Gouvernement des plus sages Communautez Religieuses ; pourquoi y pratique-t-on dans toutes la circulation dans la Supériorité ? c'est que les Associez redoutent le *Despotisme* comme la source des plus grands inconveniens de la Société. L'abus de l'autorité vient de deux ſources principales. 1°. Moins de lumières pour voir en chaque occaſion, ce qui eſt le meilleur à la Société que l'on gouverne. 2°. Moins de reſſort pour préferer l'interêt public de cette Société à ſon interêt particulier : Ils peuvent craindre en redevenant ſubalternes, qu'on ne leur reproche leurs fautes paſſées, ils peuvent déſirer une nouvelle place de Supérieur ; or cette crainte & ce déſir eſt un reſſort de moins, que n'ont pas les Supérieurs perpétuels pour ſe bien gouverner. Et je ne ſai ſi la première ſource de la corruption qui s'eſt miſe dans les Monaſtères, ne vient pas de ce qu'autrefois il n'y avoit point de circulation dans la Supériorité ; les Abbez étoient perpétuels : Or un Abbé qui ſe relâchoit, n'avoit pas de peine à introduire peu à peu le relâchement dans ſa Maiſon.

OB-

## OBJECTION XXVII.

Je croi bien que pendant la Régence, lorſqu'il s'agira de nommer de nouveaux Conſeillers de l'Etat à des places vacantes, le Régent y nommera des Sujets excellens, & tels que ces Conſeils auroient eux-mêmes choiſis, s'ils avoient eu la liberté du choix ; mais quand après la Régence, la porte ſera ouverte à la faveur, à la recommandation, quand elle ſera ouverte à l'or, à la corruption, ces places mêmes ſe vendront ſous main, non aux honnêtes gens, qui ſe feroient ſcrupule de les acheter, mais à des fripons, qui acheteront l'autorité & le pouvoir de piller *impunément*, & qui vendront à leur tour la juſtice & l'injuſtice.

Je conviens que ſi préſentement que les Conſeils ſont pleins de Membres, que la réputation de leur probité & de leurs lumières y a placé, le Régent leur donnoit droit de ſe choiſir des Membres, ils en choiſiroient de tels,

 qu'ils

qu'ils feroient honneur à leur Compagnie ; mais le Régent voudra-t-il renoncer au droit du choix, j'en dis autant du Roi regnant, & des Rois futurs : Donc à ne juger de l'avenir que par la nature des hommes, qui aimeront toûjours peu l'interêt public, & beaucoup leur interêt particulier ; à juger du crédit des favoris & des maîtresses ; ces Conseils se rempliront peu à peu de gens corrompus & de peu de capacité, à peu près comme il est arrivé aux Conseils de *Madrid* en moins d'un siecle ; parce que *Philippe* II. qui les établit, ou du moins qui les réforma, ne songea pas à laisser joüir de son vivant ces Conseils du droit de lui présenter trois sujets à chaque place vacante, & de deffendre sous peine d'exclusion toutes sortes de recommandations & de sollicitations.

Il est évident que les Membres d'une Compagnie de gens habiles & de probité connoissent mieux que le Roi, soit par eux-mêmes, soit par leurs amis, tous ceux qui sont les plus dignes d'y entrer ; ils sont plus interes-

sez

sez à choisir ceux qui peuvent faire plus d'honneur à la Compagnie, & qui peuvent produire plus d'utilité à l'Etat, dont ils sont partie, qu'à choisir pour Compagnons des gens de médiocre probité & de médiocre esprit.

Il est évident de même, que le Roi n'a point de plus grand interêt, lorsqu'il a à choisir, sinon que ce choix tombe sur le meilleur sujèt, ou sur l'un des trois meilleurs que l'on y puisse placer.

Il est certain que le Roi s'épargneroit ainsi la peine de chagriner cent refusez, & leurs Protecteurs & leurs Protectrices ; il épargneroit la peine qu'il y a à faire une injustice au particulier & au public, & s'épargneroit à lui-même un grand préjudice ; parce qu'il ne seroit plus forcé de choisir le moins digne, pour plaire à une personne qui est en faveur.

Mais enfin les courtisans, les favoris détourneront toûjours le Régent, le Roi de laisser ce choix aux Conseils ; & effectivement le favori y per-

 droit,

droit, si au lieu de pouvoir choisir sur trois cens mauvais, il ne pouvoit plus choisir que sur trois excellens, dont aucun ne seroit ni parent, ni ami de ce favori, ni capable de lui promettre aucun présent.

Il faut compter que dans la Société, l'interêt particulier combat incessamment & fortement contre l'interêt public, & devient souvent supérieur, & ruine la Société; à moins que le Législateur ne dispose les Loix & les Reglemens, de sorte que les particuliers ne puissent avancer vers leur propre interêt, qu'à proportion qu'ils procureront l'interêt des autres; & ce sont ces Reglemens qu'il est mal-aisé de trouver en chaque matière, & encore plus mal-aisé d'établir.

## RÉPONSE.

N 1°. Je ne vois pas pourquoi le Régent ne donneroit pas aux Conseils le droit d'élire trois sujets, & ne feroit pas des Statuts pour la forme de cette Election; s'il est vrai que c'est le moyen le le plus propre pour faire durer cet Etablissement, & pour remplir toûjours les Conseils des meilleurs sujets du Royaume.

2°. Dès qu'il seroit établi, que ce seroit du nombre des Intendans & des Ex-Intendans, que l'on choisiroit la plûpart des Conseillers de l'Etat, que ce seroit ceux qui se distingueroient le plus par leur travail pour l'utilité publique, & que les recommandations des femmes & des favoris n'y pourroient presque rien; les prétendans s'attacheroient bien plus à s'acquiter dignement de leurs Emplois, & à étudier à fonds les choses qui y ont plus de rapport, qu'à perdre la plus grande partie de leur tems à faire la Cour à ceux qui sont en faveur, & aux favoris des favoris.

Si l'on y prend bien garde, les Rois n'ont rien à donner, ils n'ont rien à distribuer, que comme Juges entre ceux qui ont rendu, ou qui peuvent rendre plus de service à l'Etat, ils n'ont rien de mieux à faire, que de juger alors selon les regles les plus étroites de la Justice; on peut dire même que l'observation exacte de cette Justice est leur plus grand interêt, & qu'elle est également l'effèt de la plus haute vertu, comme de la plus profonde habileté. Je parle plus amplement de l'avantage que le Roi tireroit d'accorder aux Compagnies ce droit de proposer trois sujets dans le Discours, pour les Dignitez personnelles.

## OBJECTION XXVIII.

Il est vrai que par la circulation les Conseillers seront instruits de plus de matières; mais ils seront moins profonds en chacune, d'ailleurs il faudra au moins trois mois à chacun d'eux, pour se mettre bien au fait de la nouvelle matière, & pendant ce tems-là les affaires en souffriront.

RE-

## *RÉPONSE.*

1°. Celui qui rapporte à un Conseil une affaire, la rapporte bien mieux, quand il connoît à fonds plusieurs matières, auxquelles cette affaire a rapport, que lorsqu'il n'en a qu'une connoissance très superficielle : Or la plûpart des matières d'un même Conseil ont entr'elles un rapport, qu'il est important de connoître exactement, pour mieux choisir les principes de décision : Ainsi il est évident que la meilleure manière d'être profond dans une matière, c'est de la voir d'un point de vûë plus élevé, pour en connoître plus facilement les rapports.

2°. Tout le monde sait qu'un homme de Finances, qui est accoutumé à rapporter, & à expédier une espèce d'affaire, & qui a oüi rapporter pendant quatre ou cinq ans un grand nombre d'affaires, dont il va être chargé, ne sera pas quinze jours sans être au fait du détail de cette espèce d'affaire,

& peut dès les premiers jours faire un rapport très sensé, sur les principes nécessaires à la décision.

3°. Comme celui qui en sort connoît bien la matière, & que le reste des Conseillers la connoissent aussi un peu, on voit qu'il n'y a point à craindre, que sur les premiers rapports d'un Rapporteur nouveau, le Conseil prenne de mauvais partis ; les affaires seront donc aussi promptement & aussi sagement décidées, & expediées dans les commencemens du changement du Département ; donc elles n'en souffriront point.

4°. Quand elles en souffriroient quelque peu dans les commencemens, ce qu'elles y gagneroient dans la suite par l'augmentation de lumières, recompense avantageusement de cette perte.

5°. Quand cette perte que l'on suppose qui se fera dans ce commencement, ne seroit pas recompensée par la suite, elle ne pourroit jamais être mise en balance avec la moitié des inconveniens attachez à la *non-circulation*, ni à tous

les

les avantages positifs *de la circulation* dont nous avons parlé.

## OBJECTION XXIX.

Je comprens bien que pour éviter les malversations des Secretaires, il est à propos qu'ils changent aussi de Département; mais qui est-ce qui mettra le nouveau Conseiller au fait, si le Secretaire ancien ne travaille pas avec lui?

## *RÉPONSE.*

Je suppose un Secretaire, ou deux Sous-Secretaires dans chaque Département; or il suffit de laisser huit jours le Secretaire dans son Emploi ancien, pour mettre au fait pendant ce tems-là le Conseiller qui commence à travailler, & pour instruire en même tems ces deux Sous-Secretaires; & huit jours après chaque Secretaire sera mis au fait de son nouvel Emploi, tant par son Supérieur, que par les deux Sous-Secretaires: Et puis quand il il aura quelque doute , quelqu'éclairciſſement à demander , les Secretaires ſavent bien où ſe trouver , & tout cela ſe fait ſans que ni les affaires , ni les particuliers en ſouffrent preſque rien.

On peut dire même que les Secretaires en proffitant ainſi des lumières des uns & des autres , en deviendront beaucoup plus habiles pour rendre les expéditions plus promptes , & le travail beaucoup plus facile ; ce qui ſera au contraire un nouvel avantage pour les affaires.

Enfin ſi le Régent doute encore ſur les avantages, & ſur la poſſibilité de la circulation, il n'a qu'à prier quelqu'un de ceux qui ne l'approuvent pas , de mettre ſes raiſons par écrit ; il n'aura qu'à faire examiner enſuite *le pour & le contre* au Conſeil de l'Examen : Cette méthode eſt toute ſimple , il n'y a point d'obſcurité qu'on n'éclairciſſe, il n'y a point d'obſtacles ſurmontables , que l'on ne puiſſe ſurmonter avec une pareille méthode; & le Roi l'aura toûjours ſous ſa main , quand le Conſeil ſera perfectionné.

O B-

## OBJECTION XXX.

Le Conſeil de Religion ſeroit utile à l'Etat, s'il étoit continuellement occupé à trouver les moyens non ſeulement de concilier les maximes ſaintes de la Religion, avec les vûës raiſonnables de la Politique ; & à faire rapporter tout à la pratique de la Charité, comme au but commun, & au but principal de l'une & de l'autre; but où elles tendent, l'une pour rendre les hommes heureux dans la vie préſente, l'autre pour les rendre heureux dans la vie future.

Ce Conſeil ſeroit utile à l'Etat & à l'Egliſe, ſi l'on y diſtribuoit des recompenſes à ceux qui donneroient les meilleurs Mémoires, pour rapprocher de plus en plus la meilleure Politique de la meilleure Diſcipline, & la meilleure Diſcipline de la meilleure Politique ; & il y a cent articles importans où elles s'éloignent l'une de l'autre, & où elles ne s'approchent pas aſſez, & qui demanderoient de bons Reglemens :

mens. Ce Conseil seroit utile, s'il proposoit à ceux qui aspirent aux Bénefices, les moyens de servir l'Eglise & l'Etat par de bons Mémoires, & par d'autres bons Ouvrages ; ils montreroient par leurs travaux la difference de leurs talens, sur tout en éclaircissant les usurpations *Romaines* : Ce Conseil seroit utile, s'il pouvoit ainsi en connoissance de cause, proposer au Roi les trois meilleurs Sujets pour chaque Bénefice, en observant de préferer pour les grandes Abbayes, & pour les Evêchez, ceux qui ont de la naissance & du mérite, à ceux qui n'ont que du mérite.

Mais pour cela, il faudroit que ce
N Conseil fut composé d'un plus grand nombre d'Evêques & d'Ex-Evêques, & de Conseillers séculiers, tous choisis entre les plus habiles tant dans la Politique, que dans la Doctrine & dans la Discipline de l'Eglise, afin de donner à cette Assemblée encore plus d'autorité sur les esprits : Or cela n'étant pas ainsi, ce Conseil n'est presque d'aucune utilité.

## RÉPONSE.

Rien n'empêche que l'on n'ajoûte à ce Conseil un nombre suffisant de Conseillers ; rien n'empêche que l'on n'y délibere de toutes ces matières ; rien n'empêche que ce Conseil ne puisse tous les jours comme les autres Conseils recevoir quelque dégré de perfection : Il est déja très utile, mais rien n'empêche qu'il ne puisse devenir d'une beaucoup plus grande utilité.

## OBJECTION XXXI.

L'Etat est surchargé de dettes, & cependant les appointemens des Conseillers de l'Etat, & de leurs Commis, montent à plus de quatorze cens mille livres ; au lieu que sous le *Demi-Visirat*, ces appointemens n'alloient pas à sept cens mille livres.

## *RÉPONSE.*

1°. La difference ne peut jamais être de cinq cens mille livres, & c'est peu de chose en comparaison des grands avantages que procure la *Polysynodie.*

2°. Tout le monde sait que les *Visirs* & les *Demi-Visirs* se sont fort enrichis dans leur Ministère; je veux bien croire que ce n'a pas été par des voyes illégitimes; mais il demeure constant que soit présens, soit dons, soit gratifications, c'est toûjours aux dépens de l'Etat. Le Cardinal *Mazarin* en dix-huit ans de Ministère, outre la grande dépense de sa Maison, a amassé plus de 36. millions, qu'il a donné à ses neveux & à ses nièces; il amassoit donc deux millions par an au dépens de l'Etat.

3°. Si on vouloit examiner les fortunes des Sous-Ministres & de leurs Commis, qui ont eu part aux affaires publiques durant son Ministère; on trouveroit que tous ensemble ils n'ont pas moins amassé que leur Maître, à peu

peu près comme les branches d'un arbre proffitent toutes ensemble, & pèsent à peu près autant que leur tronc : Ainsi au lieu de dire que le *Visirat* coûtoit à l'Etat 500. mille livres de moins que la *Polysynodie* ne lui coûte présentement, on peut dire au contraire avec beaucoup de fondement, que cette *Polysynodie* épargne à l'Etat au moins trois millions cinq cens mille livres par an.

Je ne donne point pour exemple le *Demi-Visirat* du dernier Regne ; je ne veux point desobliger des Familles que j'aime, que j'honore, que je respecte ; & d'ailleurs ce que j'ai apporté en preuve contre le *Visirat*, sert de preuve égale, ou à peu près égale contre le *Demi-Visirat*.

4°. La raison de cette épargne de l'Etat, c'est 1°. que les Conseillers de l'Etat ne veulent & n'oseroient faire aucun proffit illégitime, ni recevoir aucun présent des Sujets du Roi : Or on sait assez que les Commis pouvoient en recevoir autrefois, sur tout lorsque les Sous-Ministres leurs Maîtres y avoient

voient part, & que ces Sous-Ministres n'avoient rien à craindre, pourvû que le Premier Ministre, ou le *Visir*, y eût aussi une part proportionnée. 2°. Les Conseillers de l'Etat s'observent trop les uns les autres, pour oser rien faire contre le devoir le plus exact; ainsi on peut dire que leur mutuelle jalousie tourne au profit de l'Etat. 3°. Si le Roi faisoit quelque gratification ou présent à l'un d'eux, il offenseroit tous ceux qui méritent, & qui croyent mériter également : Or la crainte qu'aura le Roi de desobliger le plus grand nombre par de pareilles distinctions, tournera encore au profit de l'Etat. Je ne croi donc pas qu'il soit nécessaire de rien retrancher de leurs appointemens.

5°. Quand la *Polysynodie* coûteroit à l'Etat en gages & appointemens, le double, le quadruple du *Visirat*; s'il n'y a pas le quart des friponneries & des malversations dans la *Polysynodie* que dans le *Visirat*, & dans le *Demi-Visirat*; si la *Polysynodie* apporte cent fois plus de profit à l'Etat; en vérité

peut-

peut-on avoir regrèt à une dépense, ou plûtôt à une espèce d'avance qui rapporte cent pour un.

Je ne dis pas qu'il ne puisse y avoir des Conseillers de l'Etat, qui pourroient être encore plus utilement occupez ; mais ce n'est pas la faute de la *Polysynodie* en géneral, c'est peut-être un petit défaut d'une *Polysynodie* particuliè-re, où il est facile de remedier.

6°. Quand il seroit raisonnable de retrancher pendant quatre ou cinq ans la moitié des appointemens du Conseil de Régence & des Présidens, & le quart des appointemens des autres, jusqu'à ce que les revenus de l'Etat fussent augmentez, & les charges diminuées, chose dont je ne conviens pas ; cela ne prouveroit rien contre la *Polysynodie* en géneral, ni contre la *Polysynodie* de la Monarchie : C'est seulement un retranchement qui regarde l'Etat de nos affaires présentes, c'est un cas particulier qui n'est que passager ; & il demeure toûjours constant que la *Polysynodie* est la forme du Gouvernement, où les Ministres de l'Etat, les

les plus corrompus, trouveront toûjours plus de difficultez à s'enrichir excessivement, aux dépens du Roi & de l'État; & par conséquent c'est la forme la moins à charge au Royaume: Ainsi c'est un vingt-unième avantage très-réel de la *Polysynodie*, auquel je n'avois pas pensé, & que l'Objection m'a fait remarquer.

## OBJECTION XXXII.

La *Polysynodie*, loin d'avoir donné au Régent plus de loisir que n'en avoit le feu Roi, n'a fait que multiplier son travail; il a comme le feu Roi, la signature des Ordonnances, & des autres Expeditions ordinaires, qui lui emportent beaucoup de tems par jour; il a beaucoup de décisions à faire, que faisoient les *Demi-Visirs*: Or ce grand travail est au dessus des forces de tout homme, qui n'aura ni la même supériorité de génie, ni par conséquent la même facilité à travailler; d'un autre côté peut-on compter que le Régent laisse, par succession, à tous les Rois

Rois futurs cette même ſuperiorité d'intelligence, eſt-ce une choſe dont la *France* puiſſe ſe flater? Or dès qu'un Prince d'un génie médiocre aura eſſayé de la grandeur du poids du Gouvernement, & de la peine du travail, il cherchera bientôt un Miniſtre principal, ſur qui il puiſſe ſe décharger d'un fardeau ſi peſant; n'eſt-ce pas le train ordinaire de la Nature? Vôtre bel Etabliſſement eſt donc impoſſible à ſoutenir par les Rois futurs.

## *RÉPONSE.*

1o. Qui empêche que le Régent ne donne à trois Commiſſaires de chaque Conſeil, le pouvoir de ſigner pour lui les Expéditions ordinaires, concernant ce Conſeil, & de faire circuler tous les trois ans ces Commiſſaires? de ſorte que quand il en arrivera un nouveau, il y en ait deux anciens, & d'établir que l'on n'aura recours au Roi, ou au Régent, pour ſigner, que dans les cas extraordinaires, où lorſque les trois Commiſſaires ne ſeront pas d'avis uniforme ; les Contrats de l'Hôtel de Ville ne se signent-ils pas par des Commissaires ou porteurs de pouvoir ?

2°. S'il arrive quelque contestation entre ces Commissaires, ne peut-elle pas être décidée par le Conseil Géneral à la pluralité des voix, en l'absence même du Roi ; car la pluralité fait le même effet que l'unité : Ces décisions que fait le Régent, lorsqu'elles sont moins importantes, & en grand nombre, ne peuvent-elles pas se faire en dernier ressort par chaque Conseil particulier ? & lorsqu'elles sont très importantes, ne peuvent-elles pas se faire par le Conseil Géneral, même en l'absence du Roi, aussi utilement pour l'Etat, que si elles se faisoient par le Roi seul ? Or en usant de cette méthode, le fardeau du Gouvernement seroit-il si pesant pour le Roi ? Tout le poids du Gouvernement tomberoit sur les Conseils, & tout se gouverneroit selon les Reglemens anciens, jusqu'à ce que l'on y eût ajoûté de nouveaux dégrez de perfection, par des Reglemens nou-

nouveaux ; ainsi la machine iroit d'elle-même, & iroit bien.

N

3°. Je sai bien que tandis que les Gratifications, les Emplois, les Bénefices, les Pensions, & les autres recompenses de l'Etat, ne seront pas renvoyez aux différens Conseils, afin qu'ils nomment chacun dans son Département les trois sujets les plus utiles à l'Etat ; un jeune Roi pourra par ignorance faire dans cette matière beaucoup d'injustices, & par conséquent des fautes très importantes par rapport à ses interêts ; & affoiblir ainsi très considerablement le principal ressort de l'Etat, mais qui l'empêche de prendre un parti aussi sage ?

N

4°. Ce qui demande le plus grand travail du Régent, c'est de trouver d'un côté les moyens de diminuer le travail des Rois futurs, & de leur donner de l'autre les moyens de se passer de *Visirs* ; mais Dieu-merci ce travail n'est pas au dessus des forces de ce Prince, sur tout s'il se procure un peu plus de loisir, en faisant faire par des Commissaires la plûpart des choses

 qu'il

qu'il a bien voulu prendre la peine de faire lui-même jusqu'à présent, pour se mieux instruire des détails : Alors il aura assez de loisir pour méditer utilement sur les choses, qui demandent le plus d'effort d'esprit.

N 5°. Je ne prétens pas, qu'il ne soit très utile à un Roi davoir fait par lui-même au commencement de son Regne certains travaux, qui sont de la fonction ou d'un Ministre, ou même d'un Premier Commis; on en voit toûjours plus clair dans les affaires generales, quand on a un peu manié les détails. Un Géneral qui a passé par les différens Grades & Emplois de Guerre, en est meilleur Géneral; mais s'il vouloit encore mettre à ces détails d'affaires particulières, que d'autres peuvent faire à peu près aussi bien que lui, des heures qu'il doit à des affaires generales, & beaucoup plus importantes, qui ne sauroient être bien reglées que par lui, & avec un loisir suffisant; il ne seroit plus bon Géneral, parce qu'il manqueroit de bon sens. La première chose qu'un Minstre voit en entrant en fonc-

fonction, c'est qu'il ne sauroit tout faire par lui même ; & qu'ainsi il est dans la nécessité d'abandonner à ses Commis & à ses Subalternes les travaux les moins importans, quoiqu'il voye qu'ils y feront quelquefois des fautes qu'il n'y feroit pas : Le Roi non plus que ses Ministres, n'a que quelques heures à travailler par jour ; or s'il vouloit faire par lui-même ce que ses Conseils & ses Ministres peuvent faire, quoique moins bien que lui, il négligeroit nécessairement ce qui est de plus important, & ce que lui seul peut faire : Or préferer le moins important au plus important, ne seroit-ce pas manquer de bon sens?

## OBJECTION XXXIII.

Plus le Régent a de lumière & de facilité dans le travail, & plus il est disposé à croire que son travail seroit facile à tout autre : Il se trompe, & ce qui est de facheux, c'est que cette erreur le portera à négliger d'inventer tous les moyens possibles pour donner à sa machine un mouvement perpetuel, durable ; & ce qui est de la dernière importance, un mouvement indépendant de lui.

Ainsi il est fort à craindre que sa belle machine ne dure guères plus que lui ; il faudroit qu'il s'accoûtumât à renvoyer tout aux différens Conseils, & que les Conseils eux-mêmes s'accoûtumassent à décider tout ce qu'il est présentement obligé de décider seul ; il faudroit qu'il trouvât les moyens de faire, que son Etablissement pût se passer peu à peu de lui, *pour le courant ordinaire* des affaires : Or il est fort à craindre, que tout ce qu'il fait par lui-même, il ne trouve jamais les moyens de le faire faire, à peu près aussi bien, tant par les Conseils particuliers que par le Conseil Géneral.

## *RÉPONSE.*

1°. J'avouë que cette Objection est la plus forte de celles que l'on m'a faites sur la durée de l'Etablissement, & il faut avoüer que ce seroit un grand dé-

défaut pour la beauté de la machine, si l'ouvrier ne la pouvoit pas laisser en état de se passer de lui; mais je ne vois pas qu'il soit impossible qu'il y parvienne peu à peu.

2°. Il est fort interessé à rendre un si bel Etablissement durable, lui qui a presque tout l'honneur de l'invention, & qui a sûrement tout l'honneur de l'exécution, qui est encore plus grand; puisqu'il a surmonté des obstacles, qui eussent été effectivement insurmontables pour tout autre que pour lui.

3°. Il est interessé à se débarrasser le plus qu'il pourra de la décision des affaires ordinaires & particulières, pour avoir le loisir de méditer suffisamment sur les nouveaux Etablissemens, c'est-à-dire, sur les affaires *extraordinaires & generales*. Après tout, c'est moins à moi qu'au Régent lui-même à répondre à l'Objection; c'est à ce Prince & non à autre, à donner à ce grand & merveilleux Etablissement toute la solidité qu'il mérite; & je suis le premier à en prédire la ruine, même avant la première Régence, s'il ne lui donne pas à force de méditation & de soins, toute la perfection qui lui est nécessaire.

N 4°. Je conviens qu'il ne peut pas facilement voir lui-même, combien il nous est nécessaire; mais ne peut-il pas essayer une semaine de ne se mêler presque point *du courant* d'un certain genre d'affaires, & puis voir en quoi on auroit pû mieux faire, & mettre ainsi un Conseil particulier en état de décider les choses, à peu près aussi bien qu'elles le peuvent être sans le Régent? Ne peut-il pas faire le même essai pendant quinze jours, & ainsi peu à peu sur chacun des autres Conseils particuliers, & même sur le Conseil Géneral?

N *Louis* XIII. ne se mêloit point du Gouvernement, il laissoit tout faire à son premier Ministre: Or qui empêche le Régent de confier aux différens Conseils particuliers, & au Conseil Géneral, ce que son Ayeul confioit à un seul homme avec cette différence essentielle, qui est que le Régent travailleroit tous les jours à diriger de mieux

mieux en mieux, & à gouverner ses Conseils par de sages Reglemens, ce qui est proprement la fonction du génie qui gouverne; au lieu que *Louïs* XIII. loin de gouverner son Ministre, il en étoit lui-même gouverné.

5°. Le Régent en voyant ainsi la machine aller d'elle-même, pourroit remarquer ce qu'il faudroit encore y ajoûter, ou y retrancher; alors on peut dire qu'il seroit parvenu à faire un chef-d'œuvre de Politique, & tout cela n'est rien moins qu'impossible pour lui: Ce qu'il a fait est incomparablement plus difficile, que ce qui lui reste à faire; ainsi j'ose prédire qu'il ne laissera pas son ouvrage imparfait, & que par conséquent il le rendra par sa sagesse & par sa prévoyance très solide, & capable de résister à toutes les tempêtes, que pourront exciter dans la suite en *France* l'imprudence & la folie.

## OBJECTION XXXIV.

Si le Régent ne s'occupe point à décider les affaires particulières & ordinaires de l'Etat, qui emportent présentement presque tout son tems; s'il laisse aux Conseils le soin de pourvoir à tout le courant, que lui restera-t-il à faire pour le bien de l'Etat, lui qui a un esprit si supérieur, & si capable de s'élever au-dessus des voyes communes, & de perfectionner considérablement les meilleurs Etablissemens?

## *RÉPONSE.*

N 1°. Quelque capacité qu'il ait, il n'aura trouvé d'ici à long tems les moyens de faire, que les Conseils n'ayent pas besoin de lui pour regler le *courant des affaires ordinaires*, aussi bien que s'il les regloit lui seul: On peut dire même que comme ce sera un chef-d'œuvre de Politique, de trouver sur cet article, & de mettre en œuvre tous les moyens les convenables,

nables, il est impossible que ce travail ne l'occupe plusieurs années.

2°. Supposé que dans quelque tems il en soit venu à bout, ne lui reste-t-il pas à s'occuper des affaires extraordinaires ; c'est-à-dire, de la formation des nouveaux Etablissemens, & du perfectionnement des anciens, & entr'autres de la *Police Européene* entre les Souverains Chrétiens. Ne sont-ce pas ces sortes de travaux extraordinaires, qui seuls peuvent procurer aux Etats des avantages immenses, & montrer à l'Univers l'étenduë & la justesse d'esprit, le courage & la constance des Princes qui les exécutent ? Entre ces travaux extraordinaires, je mets le perfectionnement de la *Polysynodie*, si le Régent peut arriver à le rendre durable, & le perfectionnement du Conseil de l'Examen des Mémoires Politiques, ou du Progrès de la Politique. N.

Les Rois fainéans, ou d'un esprit médiocre, par le sage Etablissement de la *Polysynodie*, soûtiendront facilement le Royaume en bon état ; & les Rois laborieux & d'un esprit plus sublime, N.

blime, ayant plus de loisir à employer aux affaires extraordinaires, parviendront plus facilement à mettre le Royaume dans une situation incomparablement meilleure qu'ils ne l'auront trouvé.

Découvrir tous les jours les moyens de faire faire par d'autres tout ce que l'on feroit soi-même pour les détails, & augmenter tous les jours un loisir précieux pour s'employer à examiner la machine en gros, & par les principales parties, pour remedier à ce qui paroît ou se démancher, ou n'avoir pas un mouvement assez libre & assez vif, augmenter par tout les ressorts, & empêcher qu'ils ne s'opposent les uns aux autres, entreprendre ou achever des travaux *extraordinaires*, très difficiles & très importans; voilà précisement le partage d'un grand Roi & d'un grand génie : Son premier soin à la vérité, est d'établir un bon ordre, afin que le courant des affaires journalières soit bien reglé, & dirigé dans les Conseils, vers la plus grande utilité de l'Etat; mais après cela, c'est à lui de voir

que

que le moindre progrès vers un grand dessein est souvent mille fois plus utile, que quelques petits arrangemens dans quelques affaires particulières; c'est de savoir faire faire par d'autres la plûpart des choses qu'il pourroit faire lui-même, & dont il seroit accablé; au lieu qu'un Prince d'un esprit médiocre, qui ne peut venir à bout d'établir ce bon ordre pour le courant, est forcé de faire lui-même ou le Ministre ou le Commis, quand il est question de faire le maître.

## OBJECTION XXXV.

Si la *Polysynodie* étoit si avantageuse à l'Etat, ne verrions-nous pas un tel ordre dans les Finances, que le courant des Charges seroit payé régulièrement à terme à tous les Créanciers de l'Etat, sans avoir besoin de faveur & de recommandation pour la préference, comme on est payé à l'Hôtel de Ville sans préference? Ne verrions-nous pas même une sixième, une huitième partie des revenus de l'Etat employée tous les ans ou à rembourser des capitaux, ou à faire des travaux, ou à former des Etablissemens encore plus proffitables à l'Etat, que la plûpart de ces remboursemens.

Il n'y avoit pour cela que trois partis à prendre; ou diminuer *suffisamment* les Charges par rapport aux subsides actuels, ou augmenter *suffisamment* ces subsides par rapport aux Charges, ou diminuer d'un côté les Charges, & augmenter de l'autre les subsides, cela n'est pas fort difficile à voir; cependant tandis que les Charges de l'Etat ne seront point payées entièrement & régulierèment, peut-on esperer le rétablissement du Crédit public? Quel avantage nous a donc produit vôtre *Polysynodie*?

## *RÉPONSE.*

1°. Cette Objection ne roule que sur ce qu'a fait, ou sur ce que n'a pas fait le Conseil de Finance; & les reproches que l'on a faits au Conseil de Finance, ne tombent nullement sur

la

la *Polyſynodie* particulière établie par le Régent, & beaucoup moins ſur la *Polyſynodie* en géneral, qui peut ſe perfectionner tous les jours.

2°. Sous le dernier Regne où le Conſeil de Finance étoit gouverné par un ſeul homme, le courant des Charges étoit-il mieux payé? N'avons-nous pas vû qu'il étoit dû huit années de la plûpart des gages, des penſions & des appointemens? Ce n'eſt donc point du tout la *Polyſynodie*, qui eſt la cauſe de ce *non-payement*.

3°. J'oſe dire que ſi juſqu'à-preſent le Conſeil de Finance n'a pas pris l'un des trois partis, ce n'eſt pas que chacun des Membres n'ait vû qu'il falloit en venir là; mais c'eſt que chacun d'eux a vû de grands inconveniens, ſoit à diminuer encore le principal ou l'interêt des Créanciers du Roi, ſoit à augmenter les ſubſides: Ainſi ce n'eſt pas tant la faute de ce Conſeil, ſi les partis que l'on a pris juſqu'ici ne ſont pas *ſuffiſans*; c'eſt la nature du mal, qui ne ſe peut guérir ſans de nouvelles operations très douloureuſes: Operations

tions que le Conſeil voudroit épargner aux intereſſez ; & quelle douleur pour les Créanciers du Roi, de voir encore diminuer le capital & l'interêt de leurs Créances ! Quelle douleur pour les autres Sujets, de voir augmenter les impoſitions même en tems de Paix, pour payer les Créanciers du Roi ! Doit-on faire des reproches à ce Conſeil, d'avoir differé ces facheuſes operations, tandis qu'il a eu l'eſperance de trouver quelqu'autre remède ?

4°. Un inconvenient paſſager & accidentel d'un ſeul Conſeil, auquel même la néceſſité fera trouver d'un jour à l'autre des remèdes ſuffiſans, n'eſt point un inconvenient qui puiſſe entrer en conſideration contre l'Etabliſſement des autres Conſeils, ni même contre la forme de ce Conſeil ; c'eſt comme ſi l'on vouloit prouver qu'une machine n'eſt pas belle, n'eſt pas utile, parce qu'il y manque une rouë un peu plus grande, ou parce que quelqu'accident en a dérangé quelque piéce : Mais il n'eſt rien de ſi ordinaire que de voir raiſonner de travers, ſur tout ceux qui souffrent ; *le revenu de l'Etat n'est pas encore à niveau dès Charges*, disent-ils, *donc la* Polysydonie *n'est pas préferable ni au* Visirat, *ni au* Demi-Visirat. Plaisant raisonnement, qui devroit toûjours subsister dans sa force, s'il étoit bon, & qui s'évanouïra, & qui paroîtra une extravagance, *dès que ce niveau entre les Charges & le Revenu sera rétabli.*

## OBJECTION XXXVI.

La pluralité des Conseils divise l'autorité en plusieurs parcelles, & par conséquent l'affoiblit.

## *RÉPONSE.*

1°. La division n'affoiblit l'autorité, que lorsque ceux à qui cette authorité est confiée, s'opposent les uns aux autres, & lorsque chacun des partis tâche de ruiner l'autorité du parti contraire, & de s'élever sur ses ruines; mais dans la *Polysynodie* la portion d'autorité qui est confiée à un Conseil, n'est n'est employée qu'à exécuter les résolutions dans ce Conseil, & nullement à ruiner l'autorité & le crédit d'un autre Conseil.

2o. Cet inconvenient de l'autorité divisée seroit bien plus à craindre, si le Roi au lieu de sept ou huit Conseils, n'avoit que sept ou huit Ministres différens pour chaque matière différente; car ces *Demi-Visirs* n'ayant pour témoins chacun dans leur Département que de simples Commis, leurs créatures, ils agiroient bien plus vivement & bien plus constamment à diminuer l'autorité les uns les autres, que ne peut faire un Conseil pour détruire l'autorité d'un autre Conseil; la raison en est si sensible, que je ne m'amuse pas à la dire.

3o. Nous ne voyons pas que dans les Républiques, où il y a divers Conseils selon la diversité des matières, l'autorité soit en aucune façon affoiblie; la preuve de l'affoiblissement du Gouvernement, tirée de la division, & du partage de l'autorité en divers Conseils, n'est donc qu'un Sophisme fon-

fondé sur une équivoque du mot *d'autorité divisée*, qui peut être pris en deux sens différens. L'autorité divisée, en plusieurs parties, qui cherchent à se ruiner l'une l'autre, affoiblit le Gouvernement, cela est sans doute; mais l'autorité divisée en plusieurs parties, disposées de telle sorte, que toutes ensemble conspirent incessamment au même but, qui est *la plus grande utilité de l'Etat*, loin d'affoiblir le Gouvernement, ne fait au contraire que le fortifier, en unissant pour son service les forces d'un nombre dix fois plus grand de génies également forts; & ils sont d'autant moins sujets à se détourner du but par des interêts particuliers, qu'ils ne pourroient pas s'en détourner *impunément*. Ils sont témoins perpetuels de la conduite les uns des autres, ils marchent de Compagnie, & la Compagnie ne peut marcher que vers l'interêt du plus grand nombre; c'est-à-dire, vers l'interêt public; la Compagnie peut se tromper sur les moyens, mais elle est en quelque sorte infaillible ou irrepréhensible sur le but:

but : Le *Visir* au contraire peut se tromper sur les moyens, beaucoup plus souvent qu'une Compagnie entière d'hommes égaux à lui en lumières; mais comme il agit sans témoins, & qu'il peut préferer *impunément* en mille occasions son interêt particulier à l'interêt public, il est impossible qu'il ne soit plus souvent reprehensible sur le but, & sur les moyens, que cette Compagnie. Cela me paroît démontré pour qui a le sens de la démonstration, & en vain j'en dirois davantage pour quiconque n'a pas cette sorte de sens.

## OBJECTION DERNIERE.

Il est certain que s'il y avoit dans chaque Conseil des Conseillers assistans, tels que sont les Maîtres des Requêtes au Conseil de Justice, & que lorsqu'il s'agiroit de remplir une place dans un de ces Conseils; par exemple dans le Conseil de Finances, les Conseillers du Conseil de Finances pourroient choisir avec sûreté les trois d'entre les Con-

Conseillers assistans, qui auroient ou en rapportant, ou en opinant, ou par leur conduite, montré plus d'étenduë, plus de justesse, plus de moderation & plus de probité ; mais sans cela ne connoissant point suffisamment tous les Aspirans, comment seront-ils sûrs de proposer les trois meilleurs au Roi, pour remplir la place vacante ? Or comment d'un côté mettre dans chaque Conseil dix ou douze Aspirans qui y assisteroient régulierement, & qui y rapporteroient quelquefois sans leur donner d'appointemens, & de l'autre comment leur donner des appointemens sans surcharger l'Etat ?

## *RÉPONSE.*

1°. Les Maîtres des Requêtes n'ont point ou presque point d'appointemens, ils achetent même leurs Charges ; cependant il s'en trouve suffisamment, qui sont fort aises d'avoir l'honneur d'assister au Conseil : c'est que ces places leur apportent de la consideration, & leur donne l'esperance de devenir Conſeillers de l'Etat au Conſeil de Juſtice: Et pourquoi ne s'en trouveroit-il pas ſuffiſamment, qui pour avoir pareille conſideration & pareille eſperance, aſſiſteroient au Conſeil de Commerce, au Conſeil de Finance, & aux autres Conſeils.

N 2°. Si le Roi ſe détermine à former le Conſeil des Reglemens, ces Conſeillers aſſiſtans y auroient ſéance dans les différens Bureaux des différentes matières; & en cette qualité ils auroient déja des appointemens, comme je le propoſe dans un autre Mémoire: Or il eſt évident qu'alors le choix des Conſeillers de l'Etat tomberoit toûjours avec ſûreté ſur les meilleurs Sujets.

# RÉCAPITULATION.

Si la forme du Gouvernement des deux Regnes précedens n'a aucun avantage que n'ait la *Polysynodie*, si au contraire cette nouvelle forme a plusieurs avantages considerables, que ni le *Visirat*, ni le *Demi-Visirat* ne pourroient avoir ; on peut dire que la *Polysynodie* est beaucoup préferable aux deux autres : Or j'ai montré, ce me semble, avec assez d'évidence, que dans la *Polysynodie*, ceux qui rapportent les affaires, seront moins trompez, & tromperont moins sur les faits ; & que par conséquent les décisions fondées sur des erreurs de fait, & si desavantageuses au bien de l'État, seront beaucoup plus rares.

Que les Conferences, & la contradiction entre égaux produiront dans les affaires importantes & douteuses, beaucoup plus de lumières pour trouver & pour choisir les meilleurs partis, & les meilleurs expédiens.

Que

Que les Miniſtres par l'interêt particulier de leur réputation, opinant en public, opineront beaucoup plus conſtamment pour l'interêt public.

Que d'un côté y ayant dans la *Polyſynodie* un nombre incomparablement plus grand de perſonnes occupées du bien public que dans le *Viſirat*, ſoit de ceux qui ſeront dans les Conſeils, ſoit de ceux qui voudront y parvenir, & que de l'autre en établiſſant la proportion de trois ſujets plus dignes par les pareils, pour obtenir ou ces Places, ou des Emplois, ou des récompenſes de l'Etat; chacun ſe piquera bien davantage d'émulation, à qui rendra de plus grands ſervices à la Patrie; & chaque Officier s'appliquera alors beaucoup plus à acquerir des connoiſſances, & des talens utiles au ſervice, qu'à ſe procurer par des recommandations un mérite étranger, & deſormais inutile.

Que les interêts du Roi & les interêts de ſes Sujets ſeront plus ſouvent conciliez, & que le Gouvernement en ſera ainſi plus heureux pour ceux qui

qui ſont gouvernez, & par conſéquent beaucoup plus facile & plus durable, pour celui qui gouverne.

Que le crédit des femmes ſera beaucoup moins à craindre dans le Gouvernement des affaires de l'Etat.

Que les Conſeillers de l'Etat auront moins interêt, que les *Viſirs*, à ſouhaiter que les Rois vivent dans l'oiſiveté & dans la molleſſe, ſans s'appliquer au Gouvernement.

Que l'autorité étant beaucoup plus partagée, les Sujets foibles auront beaucoup plus de protecteurs contre les Sujets puiſſans; qu'ainſi il y aura beaucoup moins de vexations & d'injuſtices de la part des *Demi-Viſirs*, ou méchans, ou prévenus.

J'ai montré que le Roi n'ayant plus pour le Département de la Guerre un ſeul Miniſtre, mais un Conſeil entier, il ſera beaucoup moins pouſſé à entreprendre des Guerres offenſives, ſans des fondemens légitimes; & qu'ainſi nous nous en attirerons beaucoup moins de la part de nos voiſins.

Que les inconveniens de la foibleſſe

des Rois trop jeunes, & l'affoiblisse-ment des Rois trop vieux, se feront beaucoup moins ressentir; parce que les Conseils qui ne meurent point, & qui ne s'affoiblissent point par l'âge, maintiendront l'autorité & dirigeront toûjours également le cours *des affaires ordinaires & journalières*; qu'ainsi la Monarchie aura dans les tems foibles tout l'avantage du Gouvernement Républicain, qui est immortel, en conservant cependant l'avantage qu'elle peut tirer d'un Roi sage & laborieux, *pour les affaires extraordinaires*; c'est-à-dire, pour les Etablissemens & pour les Reglemens nouveaux, lorsqu'il sera dans la maturité & dans la force de l'âge.

Que les Rois environnez de plus de lumières, n'auront pas moins d'autorité, mais que voyant plus clair dans leurs plus grands intérêts, ils éviteront beaucoup plus de mauvais partis.

Que le peuple voyant tant de Conseillers sages, habiles, équitables, zèlez pour le bien public, obéïra avec beaucoup plus de joye & de facilité; &

& qu'ainsi l'autorité du Roi en recevra une nouvelle augmentation très considerable.

Que nos voisins pacifiques s'uniront volontiers par des ligues deffensives, avec un Gouvernement où les Conseillers ont tous un interêt particulier, d'éloigner la Guerre, de conserver la Paix, & de ne tendre qu'à la deffensive au dehors, & au perfectionnement des Loix & de la Police au dedans.

J'ai montré qu'en donnant à chaque Conseil l'autorité de décider en dernier ressort les affaires, dont la décision est peu importante à l'Etat, quoique très importante à quelques particuliers, les trois quarts & demi des affaires s'y décideroient promptement & sans appel, comme elles se décident au Conseil de Justice; & qu'ainsi n'y ayant que la huitième partie des affaires, c'est-à-dire, celles qui seront très importantes, qui fussent obligées de passer devant le Roi en plein Conseil Géneral, elles seroient examinées par deux Conseils, au lieu d'un, c'est à dire, examinées à proportion de leur

 im-

importance ; il arriveroit que ce qui devroit être expedié promptement le seroit, & que ce qui mériteroit beaucoup plus d'attention, & qui ne seroit pas si pressé, seroit décidé moins promptement, & avec plus de maturité. Or on a vû que par ce moyen on pourroit allier deux points qu'il faut allier dans le Gouvernement, *Célerité* pour la plûpart des affaires, & *Maturité*, ou *Examen suffisant* pour les autres ; c'est qu'il y a deux sortes d'affaires très différentes, qu'il faut traitter d'une manière très différente, *sur peine de mal gouverner*.

J'ai montré qu'un Reglement, pour la distinction de ces deux sortes d'affaires, n'étoit pas impossible, & qu'on pouvoit dans chaque conseil particulier perfectionner tous les jours un pareil Reglement, pour atteindre d'un côté à la plus grande célerité dans les affaires ou pressées, ou moins importantes, & pour atteindre de l'autre à l'examen suffisant dans les affaires non pressées, très importantes.

Que le Roi laborieux faisant décider

der toutes les affaires ordinaires & journalières, soit en Paix, soit en Guerre, avec célerité & avec sagesse, ou par chacun des huit Conseils, ou par le Conseil Géneral, sans que sa présence y soit nécessaire; il aura incomparablement plus de loisir pour examiner, & finir les affaires extraordinaires, qui seules peuvent donner un grand éclat à sa réputation, en procurant à ses Sujets de nouveaux avantages par des Etablissemens nouveaux.

Que ceux qui se mêleront des affaires publiques, auront bien moins de facilité à commettre des malversations, & à s'enrichir par des voyes illégitimes aux dépens de l'Etat.

J'ai montré que l'Etat souffrira beaucoup moins des maladies, ou de l'absence d'un Conseiller de l'Etat, qu'il ne souffriroit de la maladie d'un *Demi-Visir*, ou d'un *Visir*; parce que le travail de ceux qui se portent bien, & qui sont présens, suppléra facilement à l'infirmité & l'absence des autres.

Que les Départemens de la plûpart des

des Conſeillers de l'Etat pourront deſormais circuler entr'eux, & il réſultera de cette circulation de très grands avantages pour le Royaume ; en ce qu'il y aura moins de négligence & moins de malverſations dans les affaires, & beaucoup plus d'émulation, plus de travail & plus de lumières dans les Conſeillers, plus d'égalité dans l'autorité, & par conſéquent plus de liberté dans les ſuffrages ; & que cette égalité rendra cette excellente forme de Gouvernement beaucoup plus durable.

Que pluſieurs excellens Etabliſſemens, qui étoient impoſſibles dans le Gouvernement précedent, & entr'autres l'Etabliſſement *du Conſeil, pour le progrès de la Politique, & pour l'Examen des Mémoires ſur les Reglemens & ſur les Etabliſſemens*, ſont devenus poſſibles, & même faciles à executer ; & que cet Etabliſſement produira beaucoup plus de Reglemens utiles, & fera que beaucoup plus de gens de qualité s'appliqueront avec plus de ſoin & de ſuccès à perfectionner de jour en jour nôtre Gouvernement. Que

Que dans la dernière forme de Gouvernement, personne n'osoit enseigner, & que personne n'avoit de facilitez pour bien enseigner la Politique; & que cependant sans le grand progrès de cette Science, l'Etat ne pouvoit avoir ni dans les Emplois publics, ni dans les Conseils, que des hommes mal habiles, en comparaison de ce qu'ils auroient été, s'il y avoit eu liberté entière d'enseigner, & grande facilité d'apprendre, & des recompenses pour le progrès de cette Science, qui fussent proportionnées à sa grande utilité.

Que le *Visirat* ne peut jamais se perfectionner, parce que par la mort, ou par le déplacement d'un *Visir* habile & zèlé pour le bien public, les meilleures maximes & les plus utiles Etablissemens étoient souvent renversez par un successeur ou mal habile, ou corrompu; au lieu que dans la *Polysynodie*, les Conseils étant immortels les bonnes maximes s'y perpetuoient; qu'ainsi cette forme de Gouvernement peut toûjours acquerir de nouveaux dé-

dégrez de perfection, sans pouvoir perdre ceux qu'elle a déja acquis, ce qui est un avantage inestimable sur le *Visirat*.

J'ai montré qu'il étoit très important pour l'utilité publique, d'établir des Grades dans le Ministère, comme dans l'Epée; & que cet Etablissement étoit impossible dans le *Visirat* & dans le *Demi-Visirat*; au lieu qu'il étoit très-possible dans la *Polysynodie*.

Enfin j'ai montré que dans la forme nouvelle, où l'autorité peut être à peu près également partagée entre beaucoup de Conseils, il se trouve beaucoup plus de sûreté pour la durée de la Maison Royale sur le Trône, que dans un Gouvernement où l'autorité du Roi est réünie dans un seul Ministre.

Or il me semble que le *Visirat* & le *Demi-Visirat* n'ayant aucun avantage, que l'on ne trouve dans la *Polysynodie*; qu'ayant au contraire beaucoup d'inconveniens très importans où la *Polysynodie* n'est point sujette; que cette forme ayant autant d'avantages aussi con-

considerables & aussi évidens, que ceux que nous venons d'exposer; on peut conclurre que la Nation, & sur tout les *François* sensez, & gens de bien, qui vivent aujourdhui, verront tous avec joye l'Etablissement de la *Polysynodie*; & que ceux qui viendront après nous, seront convaincus par ce Discours, que ce plan de Gouvernement est tant pour celui qui gouvernera, que pour ceux qui seront alors gouvernez, le plus avantageux & le plus durable de tous les plans, qui ont été jusqu'ici suivis, ou même imaginez: *Et c'est ce que je m'étois proposé de leur démontrer.*

16. *Avril* 1718.

# LETTRE
# DE
# Mr. L'ABBÉ DE
# St. PIERRE,
# à Mr. de SACY
## du 4. Mai 1718. au PALAIS ROYAL.

J'Ai été extrèmement ſurpris, *Monſieur*, d'apprendre, que quelques endroits de mon Livre avoient vivement offenſé pluſieurs perſonnes d'une très grande conſideration, & dont j'honore infiniment le mérite.

On

On m'accuſe d'avoir voulu diminuër la gloire du feu Roi, & d'avoir dit dans cette intention pluſieurs choſes très injurieuſes à Sa Mémoire.

Ma ſurpriſe a été d'autant plus grande, que j'oſe dire avec vérité qu'il y a peu de perſonnes en *France*, qui eſtiment, qui reſpectent & qui admirent, plus que moi, les vertus & les grandes qualitez de ce grand Prince. J'en ai donné des preuves publiques ; je puis dire même, que la confiance avec laquelle j'ai diſtribué mon Ouvrage aux Conſeils & aux premieres perſonnes de l'Etat, eſt une preuve bien naturelle, que je me croyois bien innocent de ce côté-là.

Mais enfin, je ſuis accuſé malgré l'innocence de mes intentions ; on pourſuit vivement contre moi une Note infamante : Ainſi, je me dois, je dois à mes Protecteurs, à mes Parens, à mes Amis, & à la Compagnie même, dont j'ai l'honneur d'être, de tâcher de me laver, ſi je puis, parfaitement, devant elle d'une Accuſation, où l'on me reproche bien plus ma mauvaise intention, que mon imprudence.

Je vous supplie donc, Monsieur, de vouloir bien lire le Mémoire ci-joint demain à l'Assemblée: J'espere que vous voudrez l'appuyer de vos Raisons; car je ne doute pas que mes demandes ne vous paroissent justes.

Au reste, comme plusieurs honnêtes gens parmi nous, & plusieurs personnes de très grande consideration dans l'Etat, & que je respecte fort, ont été scandalisez de certaines expressions, & de certains endroits de mon Livre; quoique je croye pouvoir facilement les justifier avec des principes, dont ils conviendroient, s'ils sont contens du desaveu que j'en signerai; je me condamne le premier à le signer, parceque je suis réellement très affligé de les avoir offensez; pourvû que l'on y mette les Termes, que je suis d'autant plus fâché d'avoir causé ce scandale, que j'ai toûjours été, & que je suis très éloigné d'avoir voulu rien dire de desavantageux à la gloire du feu Roi, dont j'honore & je respecte infinifiniment la Mémoire: Car sans cette Clause qui sauve mon intention & la vérité du fait, je ne ferai jamais aucun desaveu, & je ne crains point d'être le Martyr d'une pareille vérité.

# MÉMOIRE

## SUR LA

# FORME.

Je vous supplie, *Monsieur*, de representer de ma part demain à la Compagnie; 1°. Qu'il seroit contre nôtre Statut des Convocations, de rien décider définitivement contre moi, qu'après une convocation expresse, & comme nous disons *ad hoc*, & une convocation ordonnée trois séances d'intervalle avant la Convocation.

Il ne fut parlé de mon affaire que dans l'assemblée de Jeudi dernier 28. Ce Statut est si religieusement observé, que la Convocation faite à demain, pour une affaire bien moins importante, fut résoluë & ordonnée le Lundi 25. dudit mois dernier : J'y étois présent, & cependant quelques uns voudroient déliberer dès demain de mon affaire. Je soutiens donc que dans une affaire qui est aussi importante & pour moi, & pour l'honneur même de l'Academie, il est juste d'observer religieusement la forme ; autrement, je serois en droit de m'en plaindre.

2°. De representer, que comme pour avoir un plus grand nombre d'Academiciens à l'Assemblée, pour une Election, ou Proposition d'un Academicien, la coûtume est de marquer précisement dans le Billèt d'avertissemens, le mot de Proposition d'un Academicien ; & que l'Accusation d'un Academicien étant encore plus importante, il est raisonnable de mettre dans ce Billèt ce Mot, ou autre semblable, pour déliberer sur l'affaire d'un Academicien accusé &c.

3°. De representer, que c'est une des premières Regles de l'Equité naturelle, qu'aucun Accusé ne puisse être condamdamné légitimement; sur tout par un Corps considerable, & lorsqu'il s'agit d'une punition grave, telle que seroit l'Exclusion, l'Interdiction pour un tems, ou même une Reprimande, ou Admonition en pleine Assemblée, ou autre Note infamante; sans que l'Accusé ait la liberté & le loisir de répondre aux articles d'Accusation, soit pour s'en justifier entièrement, soit au moins pour diminuer le tort qu'on lui impute.

Il n'y a aucun homme de Bien, il n'y a personne parmi nous, qui ne tienne sa sûreté de l'Observation de cette Regle.

On peut censurer légitimement un Livre, & divers endroits d'un Livre sans être obligé d'entendre l'Auteur; mais quand il s'agit d'infliger une punition à la personne même de l'Auteur, & une punition grave, ce seroit un déni de Justice de refuser de l'entendre, quand il demande d'être entendu; quand il demande d'un côté, qu'on lui donne par écrit les Endroits qu'on lui reproche, & si l'on veut les Raisons

sons de l'Accusation ; & de l'autre la permission de montrer par sa Réponse qu'elles ont été ses intentions, & de pouvoir prouver à ses Juges qu'elles n'ont eu rien de mauvais.

Je supplie Monsieur le Directeur, de faire opiner la Compagnie sur ces 3. Articles, le 4. *Mai* 1718.

# MÉMOIRE
## SUR LE
# FONDS.

## PROPOSITION I.

SI un Prince, qui avec beaucoup de Sagesse & de Courage à établi une forme de Ministère, dans laquelle les avantages sont beaucoup plus grands, & les inconveniens beaucoup plus petits par rapport aux interêts de l'Etat, que dans la forme du Ministère du Regne précedent, mérite beaucoup de de Louange ; l'Ecrivain qui publie un Ouvrage, où la Grandeur des avantages de l'une, & la grandeur des inconvéniens de l'autre, sont clairement démontrez, ne mérite pas d'être blâmé.

Il est évident, que plus il y aura de personnes, soit à la Cour, soit dans la Ville capitale, soit dans les Provinces, qui seront persuadez de la grande utilité de cet établissement, moins les Esprits broüillons seront écoutez, & plus la tranquilité publique s'affermira : Or tout le monde sait que cette tranquilité est le premier fondement de la gloire du Gouvernement, & du bonheur de l'Etat.

Il y a même une autre grande raison, qui regarde l'avenir, c'est que cet Ouvrage étant entre les mains de tout le monde, l'opinion de la grande utilité de cet Etablissement deviendra si génerale & si bien affermie, que les favoris des Rois à venir n'oseront jamais tenter de la renverser, pour créer des *Visirs*, ou pour se faire *Visirs* eux-mêmes.

PRO-

## PROPOSITION II.

Un Ecrivain ne peut jamais donner une preuve parfaite, que la forme présente du Ministère est de beaucoup plus préferable à celle qui a précedé, sans faire une comparaison entière des avantages & des inconveniens de l'une & de l'autre.

Cette Proposition est-elle vraye, ou fausse? Si elle est fausse, la Contradiction est vraye, & la voici.

*Un Ecrivain peut donner une preuve parfaite, que la forme présente du Ministère est de beaucoup préferable à celle qui a précedé, sans faire une comparaison entière des avantages & des inconveniens de l'une & de l'autre.*

Or on voit, qu'il seroit absurde de dire, que la preuve fut *parfaite*, lors que la comparaison n'est pas *entière*; donc ma Proposition est vraye.

PRO-

## PROPOSITION III.

Si cet Ecrivain par quelque consideration pour des familles particulières, qui ont de grandes obligations au Roi précedent, dissimuloit le nombre des inconveniens, attachez à la précedente forme de Ministère ; s'il les affoiblissoit ; s'il n'appuyoit pas assez dans sa comparaison, sur la grandeur des fautes & des malheurs, qu'a produit cette forme de Gouvernement, il trahiroit la cause du Public.

C'est qu'après tout nulle consideration particulière ne doit passer devant la consideration de l'interêt du Roi regnant & de l'Etat, en matière de grande importance ; or qu'y a-t-il de plus important, pour faire éviter dans le Regne présent les grands malheurs du Regne passé, que de montrer clairement d'un côté toute l'étenduë de ces malheurs, & de l'autre quelles en sont les véritables sources.

Un Etablissement, qui diminuë de moitié le Revenu & le Crédit de cinq ou ou six familles, cesse-t-il d'être très désirable, s'il procure à toute une Nation des avantages très considerables? Peut-on même jamais former de nouveaux établissemens salutaires, sans faire quelque tort à ceux qui profitoient aux dépens du Public des Etablissemens anciens? Or n'est-il pas juste, n'est-il pas du devoir du bon Citoyen de préferer le Bien géneral au Bien particulier, le bonheur perpetuel de quatre ou cinq millions de familles au déplaisir passager de quatre ou cinq cens autres familles?

## PROPOSITION IV.

Un Ecrivain, qui dès le Commencement de son Livre en parlant du Roi qui a précedé, s'exprime en ces Termes;

*On doit être étonné qu'avec une forme de Gouvernement très imparfaite, il n'ait pas fait plus de fautes, & qu'il ait pû résister lui seul à tant de grandes Puissances, & ayant des flateurs habiles & interessez à le corrompre; que n'au-*

*roit-*

*roit-il point fait, lui qui avoit de si bonnes intentions, s'il eût connu les avantages de la forme présente?*

Cet Écrivain, dis-je, ne fait-il pas entendre à ses Lecteurs, 1°. Qu'il a une grande idée de la droiture & des lumières de ce Prince? 2°. Ne fait-il pas entendre encore, que son intention n'est pas de rejetter les malheurs du Regne précedent sur la personne du Roi, mais simplement sur une forme de Ministère très imparfaite? 3°. Ne fait il pas entendre, que si ce Prince a suivi cette forme imparfaite de Gouvernement, ce n'est pas qu'il ait fait un mauvais choix; c'est seulement qu'il n'a pas eu l'Idée d'une forme plus parfaite?

## PROPOSITION V.

Si dans un Ouvrage fait exprès pour soutenir, & pour perfectionner un établissement de la dernière importance pour les interêts du Roi regnant & du Royaume, il se trouve d'un côté beaucoup de vües très utiles pour le Bien

Bien public; & que de l'autre les endroits qui offenſent quelques familles, ou quelques compagnies particulières, ſont tels que l'Auteur ne pourroit les affoiblir, ſans affoiblir ſa preuve, & par conſéquent ſans prévariquer à ſon devoir: Cet ouvrage eſt à tout prendre beaucoup plus loüable que blamable, & par conſéquent l'Auteur mérite plûtot d'être recompenſé, que puni.

Telles étoient les principales Véritez generales, deſquelles je me propoſois de faire l'application dans ma deffenſe, ſi l'on m'eût laiſſé la liberté de me deffendre, & ſi je n'euſſe pas été jugé & condamné avec précipitation, ſans avoir pû obtenir d'être entendu.

*Le 5. Mai* 1718.

# LETTRE DE Mr. L'ABBÉ DE St. PIERRE, à Mr. de SACY.

du 6. Mai 1718. au PALAIS ROYAL.

JE vous supplie, *Monsieur*, de marquer de ma part à la Compagnie, que je ressens fort la perte que je fais d'être privé desormais de l'honneur & du plaisir d'assister aux Assemblées. Vous savez, *Monsieur*, par les démarches que j'ai faites, combien je dé-

désirois d'éviter cette perte; mais je vous supplie de témoigner en même tems à mes anciens Confrères, que je ressens encore plus la peine, que mon imprudence leur a fait souffrir.

Je vous supplie encore, *Monsieur*, de les prier de ma part de me pardonner le déplaisir que je leur ai causé; & que je leur ai déja pardonné le grand tort qu'ils m'ont fait, & que si j'étois jamais en pouvoir de rendre service à ceux mêmes qui ont paru les plus animez, & qui ont le plus panché à la séverité; j'en saisirois les occasions avec joye. Je n'ai point de meilleure preuve de la sincerité de mes sentimens, que la confiance avec laquelle je m'adresserois à eux, si j'avois besoin de leurs secours. La Raison & la Religion inspirent ces sentimens; & je crois que vous me connoissez assez pour en pouvoir répondre: J'ai prié mes Amis de parler dans le même sens aux autres personnes, que l'on m'a dit que j'ai offensées innocemment.

Je m'en vai à la Campagne, de peur que l'on ne me fasse parler contre

tre mes véritables ſentimens, & j'ai beſoin de calme & de repos.

## AVERTISSEMENT.

L'Academie *Françoiſe* a exclu Mr. l'Abbé de SAINT PIERRE de ſes Aſſemblées le 5. Mai 1718. mais ſa place n'a pas été déclarée vacante. Il a été traitté comme feu Mr. de *Furetiere*.

FIN.

# TABLE DES MATIERES.



AVAN-

# SECONDE PARTIE.

## *Réponses aux Objections.*

OB-

# CATALOGUE
## DES LIVRES
## NOUVEAUX ET AUTRES,

Qui se trouvent à Amsterdam, chez DU VILLARD ET CHANGUION Libraires, dans le Kalverstraat, pour l'Année 1719.

ABregé Chronologique du P. Petau. 12. 5 vol. Paris.

Amours Pastorales de Daphnis & Chloé, écrite en Grec par Longus, & traduites en François par Mr. Amiot: Edition ornée de très jolies figures en Taille-douce. 12.

——— & les Avantures d'Arcan & de Belize, Histoire véritable. 12. fig.

——— de Catulle & Tibulle, par Mr. la Chapelle. 12. 5. vol. fig.

——— de Theagene & de Cariclée, traduction libre du Grec. 12.

——— des Dames Illustres de France. 12. fig.

——— de Lisandre & Caliste.

les Apparences trompeuses, ou ne pas croire ce qu'on voit. 12.

Ambassades & Négociations de Mr. le Comte d'Estrades, en Italie, en Angleterre & en Hollande, depuis l'année 1637. jusqu'à l'année 1662. 12. 1718.

Architecture de Savot. 8. Paris.

Ar-

Architecture de le Clerc. 4. 2 vol. Paris.
Atlas Historique, fol. 4 vol. fig.
Avantures de Telemaque, 12. 2. vol. nouvelle Edition augmentée. 1717.
——— de Zeloïde & d'Amanzarifdine, Contes Indiens. 12. 1717.
——— & Lettres Galantes, avec la Promenade des Thuilleries, 12. 2. vol.
l'Art de Laver, ou de Peindre sur le Papier. 8.
——— de Plumer la Poule sans crier. 12.
——— de bien parler François, par la Touche. 12. 2 vol.
——— de ne point s'ennuyer, par Mr. Deslandes. 12. 1715.
l'Art de Plaire dans la Conversation. 12.
l'Art de la Prédication, ou Maximes sur le Ministere de la Chaire par M***. P. D. L. O. 12. Paris 1712.
Agathon & Tryphine, Histoire Sicilienne. 8. 1712.
Avis aux Réfugiez, avec la Réponse, 12. 2. vol.
Abbadie, Traité de la Vérité de la Religion Chrétienne. 12. 3. vol. 1716.
——— l'Art de se connoître soi même, 8.
l'Atlantis de Madame Manley, contenant les Intrigues Politiques & Amoureuses de la Noblesse d'Angleterre. 8. 3. vol. 1716.
Atlas de Blauw, les volumes 7. & 8. contenant la France. fol. 2. vol.
Atlas Abregé du Monde par Peeters. 1692.
Anecdotes de Suède, ou Histoire Secrette du Regne de Charles XI. 1716.
Annales de la Cour & de Paris. 1701.
Abramulé ou Histoire du Détrônement de Mahomet IV. par Mr. Le Noble. 12.

## CATALOGUE.

Anatomie de l'Homme, par Dionis. 8.

Abregé du Concile de Trente, par Jurieu. 12. 2. vol.

l'Art d'écrire aussi vîte que l'on parle. 12.

Abbadie, Vérité de la Religion Chrétienne Réformée. 8. 2. vol.

les Belles Grecques, ou Histoire des plus fameuses Courtisanes de la Grece. 12. 1715.

Bibliothèque Universelle. 12. 25. vol.

——— Choisie. 12. 27. vol.

——— Ancienne & Moderne. 12. 9. vol. (*tous les 3. Mois une partie* )

——— Angloise, où Histoire Litteraire de la Grande Bretagne, 12. 3 vol. (*tous les 3. Mois une partie.*)

la Bibliothèque des Dames, contenant des Régles générales pour leur conduite dans toutes les circonstances de la Vie, écrite par une Dame; & publiée par Mr. le Chevalier Steele. 12. traduite de l'Anglois.

——— Idem Tome II. sous presse à Amsterdam, chez du Villard & Changuion.

Berger Fidelle de Guarini.

Bernoulli, Essai d'une nouvelle Théorie de la Manœuvre des Vaisseaux, avec quelques Lettres sur le même sujet. 8. fig. 1714.

Bernard, Excellence de la Religion. 8. 2. vol. 1715.

la Bagatelle, ou Discours Ironiques, où l'on prête des Sophismes ingenieux au Vice & à l'Extravagance, pour en faire mieux sentir le ridicule, par l'Auteur du Misantrope, 8. Il en paroît toutes les semaines deux demi feuilles.

Bernard Traité de la Répentance tardive. 8. 1715.

Ber-

Berna. Supplement au Grand Dictionnaire Historique de Morery. fol. 2. vol.

——— Les Nouvelles de la Republique des Lettres, recommencées au mois de Janvier 1716. & discontinuées au mois de Juin 1718.

la Ste. Bible in fol. avec des Notes, impression de Geneve.

——— de Mr. Martin. fol. 2. vol.

——— & Pseaumes de toutes sortes.

Baichusen, *Elementa Chimiæ.* 4. fig.

le Cabinet Romain de la Chausse. fol. fig.

Catechisme de Mr. de Superville. 8.

——— de Mr. Ostervald. 8.

——— de divers autres Auteurs.

Caractères Naturels des Hommes. 1692.

Clark, de l'Existence & des Attributs de Dieu: Des devoirs de l'Homme suivant la Religion Naturelle: De la Verité de la Religion Chrétienne contre les Systèmes de Hobbes, de Spinoza, &c. traduit de l'Anglois. 8. 2. vol. 1717.

Curiosité de la Nature & de l'Art, par l'Abbé de Vallemont, nouvelle Edition augmentée. 8. 2. vol. fig.

Clerici (Jo.) *in Libros Historicos Commentarii.* fol.

——— *Ars Critica.* 8. 3. vol.

——— *Historia Ecclesiastica.* 4. 1716.

——— *Opera Philosophica.* 12. 4. vol.

——— *Vita.* 12.

le Clerc, son N. Testament, avec des Remarques. 4.

le Christianisme Raisonnaible, traduit de l'Anglois de Mr. Locke. 8. 2 vol. 1715.

le Chef-d'Oeuvre d'un Inconnu, nouvelle Edition augmentée. 8. fig. 1715.

la Chine Illustrée du P. Kircher, fol.

*Cave*

*Cave Apostolische en Kerkelyke Oudheden.* fol. 2. vol. gr. pp.
les Captifs, Comedie de Plaute, traduite par Mr. Coste, avec des Remarques. 8. 1715.
le Choix des Bons Mots, ou les Pensées des Gens d'esprit. 12. 1716.
le Comte de Warwick. 12. 1715.
le Czar Demetrius, Histoire Moscovite. 12. 1716.
Caton d'Utique, Tragedie, par Mrs. Addisson & Deschamps. 12. 1715.
Communion Sainte, par Basnage, 8. 1716.
——— Dévote, par la Placette. 12. 1717.
les Comedies de Terence, avec la Traduction & les Remarques de Mad. Dacier. 8. 3. vol. fig. 1717.
——— de Plaute, traduite du Latin, par Mad. Dacier, Mrs. Coste & de Limiers, 12. 10. vol.
La Coterie des Antifaçonniers. 12. 1716.
les Caractères de Theophraste, traduits du Grec, avec les Caractères ou les Mœurs de ce Siecle, par Mr. de la Brüyere, de l'Academie Françoise, 12. 3 vol.
Commentaire Philosophique de Mr. Bayle. 12. 3. vol.
Chirurgie Complette par le Clerc. 12. Paris.
Chimie raisonnée par Antoine Deidier, 12. Lyon 1715.
Cours abregé de Philosophie par Aphorismes, auquel on a joint le Mécanisme de l'Esprit par G. L. le Sage. 12.
Commentaire sur les Epitres d'Ovide, par Méziriac, 1. 2. vol. 1716.
la Cité mystique de Dieu, Miracle de sa Toute-puissance, Abîme de la Grace, Histoire Divine & la Vie de la très-sainte Vierge Marie Mere

Mere de Dieu, &c. par l'Abbesse d'Agreda. 4. 3 vol.

——— le même en 8 vol. in 8.

la Cyropedie ou l'Histoire de Cyrus, traduite du Grec de Xenophon, par Mr. Charpentier, 8. 2 vol. 1717.

Cantiques Sacrez pour les principales Solemnitez des Chrétiens, & sur divers autres sujets, par Mr. Pictet. 12.

Cours d'Operations de Chirurgie, par Dionis. 8. fig. 1708.

Consolations de Mr. Drelincourt. 8.

Contes & Fables de Mr. Le Noble. 8. 2 vol.

Cours de Chymie par Lemery, XI. Edition. 8. 1716.

Comte d'Ulfelds, Nouvelle Historique. 12.

Chansons Nouvelles & Airs d'Opera. 12.

Chirurgie Médicale & Raisonnée d'Etmuller. 12.

Damasceni (S. Joannis) *Opera omnia. fol. 2. vol. Græce & Latine, Auctore le Quien.* Parisiis 1712.

Dictionnaire Géographique de Corneille. fol. 3 vol. Paris.

Description des Parties de la Femme par Palfin, 4. fig.

Dialogues sur l'Eloquence en géneral & sur celle de la Chaire en particulier par Mr. de Cambrai. 12.

les Devoirs de l'homme & du Citoyen. Nouvelle Edition augmentée d'un grand nombre de Notes, & de deux Discours sur la permission & le Bénefice des Loix, 8. 1718.

Dictionnaire François-Latin, Latin François, par Danet. 4. 2. vol.

——— Géographique de Baudrand. 4.

Dic-

# CATALOGUE.

Dictionnaire Italien & Hollandois, 4. 2 vol.
——— François & Hollandois, Hollandois & François par Halma. 4. 2. vol.
——— ou Traité Universel des Drogues Simples, par Lemery. fig. 1715.
——— Etymologique de Ménage, fol.
——— de Marine, par Mr. Aubin 4.
——— François & Hollandois par Darsy, 4.
——— Italien François, de Veneroni, 4.
——— de Richelet, 4.
——— du Voyageur, François, Allemand, & Latin. 8.
——— Italien & François de Duez, 8. 2. vol.
Daillé, Sermons sur le Catéchisme. 8. 3. vol.
Dialogues sur les Plaisirs, entre Patru & d'Ablancourt. 12.
——— Rustiques. 12.
——— sur la Religion, par Mr. Pictet.
Dissertation sur les Whigs & les Torys, par Mr. Thoyras-Rapin. 8. 1717.
Discours sur la Liberté de Penser & de Raisonner sur les Matieres importantes, 8. seconde Edition. 1717.
Défense de la Reformation, par Mr. Claude 12. 2. vol.
De la manière de Négocier avec les Souverains, par Mr. de Caillieres. 12.
Discours sur la Polysynodie où l'on démonrre que la Polysynodie, est la forme de Ministère la plus avantageuse pour un Roi, & pour son Royaume par Mr. l'Abbé de St. Pierre, avec son Apologie en deux Lettres écrites à Mr. de Saçy, 12.
Défense de la Monarchie de Sicile, contre les Entreprises de la Cour de Rome, par Mr. du Pin. 4.

Des

# CATALOGUE.

Des causes de la Corruption du Goût, par Mad. Dacier 12.

le Desespoir amoureux avec les nouvelles Visions de Don Quichotte. 12.

Dissertations sur diverses Matieres de Religion & de Philologie, par l'Abbé Tilladet. 12. 2. vol.

Démonstration de l'Existence de Dieu, par Mr. de Cambrai. 8.

Délices de la Hollande, 12. 2. vol. fig.

——— des Païs-Bas. 8. 3. vol. fig.

——— de l'Italie, 12. 6. vol. fig.

——— de la Suisse. 12. 4. vol. fig.

——— de Versailles, Trianon & Marly, &c. 8. 2 vol.

Dissertations (deux) Critiques, la 1. sur le Verset 7. du Ch. 5. de la 1. Epit. de St. Jean; il y en a trois au Ciel, &c. par Mr. Martin. 8.

Drelincourt, ses Lettres au Landgrave de Hesse. 8.

——— Dialogues contre les Missionnaires, 8.

Dialogues François pour rire, par Parrival. 12. Nouv. Edition.

Dissertation sur les Temples, & sur leur Dédicace, par Mr. Pictet. 12. 1717.

Daillé, Sermons sur Timothée. 8. 4. vol.

——— (Mélanges de) 8. 2 vol.

Eloge des Hommes Savans tirez de l'Histoire de Mr. de Thou, par Mr. Teissier. 8. 4. vol.

Etat présent de la Grande Russie, contenant une Relation de ce que le Czar aujourdhui regnant, a fait de plus remarquable dans ses Etats, &c. 12.

——— Présent de l'Espagne, par Mr. l'Abbé de Veyrac, 12. 3. vol. fig.

Essai de Morale de Mr. la Placette, 12. 6. vol. nouvelle Edition, augmentée.

Etat

Etat présent de l'Eglise Romaine dans toutes les parties du Monde, avec une Dédicace au Pape Clement XI: de Mr. Steele. 8. 1716.

—— de la Suisse, écrit en 1714. traduit de l'Anglois de Mr. Stanian. 8.

Epîtres & Elegies Amoureuses d'Ovide. 12.

Epigrammes, Madrigaux & Chansons, par Mr. Le Brun. 8. Paris 1714.

Entretiens pieux d'un Fidelle avec son Pasteur, par Pictet. 12.

—— sur la Religion, par Basnage. 8. 2. vol.

l'Espion Turc dans les Cours des Princes Chrétiens. 12. 6. vol. fig.

l'Echelle de Jacob ou Traité de la Piété, par Duppa. 12.

Examen du Discours sur la Liberté de Penser, par Mr. Crousaz. 8.

l'Eloquence Chrêtienne dans l'idée & dans la pratique, par le P. Gisbert. 4. Paris 1715.

Etat présent de l'Empire par Dumai, 12. 2 vol.

Ecole du Monde par le Noble. 12. 6 vol.

Election des Terres Seigneuriales du Brabant. fol.

L'Europe Savante, ou Journal Litteraire. 8. qui paroit tous les mois, & a commencé au mois de Janvier. 1718.

Fables de la Fontaine, 8. 5. vol. fig. & sans fig.

—— de Phedre Latines & Françoises.

le Faucheur, Sermons sur les Actes des Apôtres, 8. 4 vol.

les Fables de Faërne traduites en François par Perrault. 8.

Franciolini Vocabolario Espannol & Italiano 8 2 vol. 1706.

—— Grammatica Spagnuola ed Italiana, 8. 1707.

Fe-

Felibien Histoire de la Vie des Peintres. 12. 7 vol. fig.

Géographie Historique, par Audifret. 12. 3 vol.

—— de Robbe. 12. 2 vol.

Géometrie Pratique de le Clerc. 8. 2 vol. fig.

Géographie Universelle, enrichie de Cartes, &c. par le Sr. de la Croix. 12. 5. vol.

Grammaire Françoise & Allemande de Duez. 8.

Gatakeri *Opera Omnia.* fol. 2 vol.

les Genies Assistans, & Gnomes Irreconciliables, ou Suite au Comte de Gabalis. 8. 1718.

Gregorii Magni *Opera Omnia.* fol. 4. vol.

Gronovii Gemma & Sculptura antiqua depicta, 4. 2 vol. 1694.

Gruteri *Corpus Inscriptionum.* fol 4. vol.

Histoire Prophane, depuis son commencement jusques à présent, par Mr. Du Pin. 12. 6. vol. 1717.

—— des Juifs, par Flavius Joseph. 12. 5. vol.

—— —— par Mr. Basnage, servant de continuation à celle de Joseph, jusques à présent, en 15. vol. 12.

—— du Commerce & de la Navigation des Anciens, par Mr. Huet Ancien Evêque d'Avranche. 8.

—— des sept Sages, par Mr. Larrey. 8. 2 vol.

—— de l'Academie Françoise, par Pelisson. 12. Nouvelle Edition.

—— des Cérémonies & des Superstitions qui se sont introduites dans l'Eglise, avec quelques Traitez très utiles qui étoient devenus rares. 12. 1717.

—— du Monde, par Mr. Chevreau, nouvelle Edit. augmentée de la suite de l'Histoire des Empereurs d'Occident, jusqu'à l'Empereur Char-

Charles VI. aujourd'hui regnant, par l'Abbé de Vertot. 12. 8. vol.

Histoire de Louïs XIII. 12. 10. vol. par Mr. Le Vassor.

—— de l'Edit de Nantes. 4. 5 vol.

—— de l'Eglise & de l'Empire, par le Sueur. 12, 8 vol.

—— & du Monde, par Mr. Pictet. 4.

—— de l'Empire, par Heiss. 12. 4. vol.

—— Anecdote de Suéde sous le Regne de Charles XI. 12. 1716.

—— de Suisse, par Plantin. 8. 2 vol.

—— de Bayle & de ses Ouvrages. 12. 1716.

—— de Gilblas de Santillane. 12. 2 vol. fig. par Mr. le Sage.

—— de Thucydide ou la Guerre du Peloponese. 12. 3. vol.

—— des Révolutions d'Angleterre, par le P. d'Orleans. 12, 3 vol. fig.

—— des Guerres des Espagnols dans les Indes. 12. 2 vol.

—— Critique de la République des Lettres. 12. 14. vol.

—— de la Rebellion & des Guerres Civiles d'Angleterre, par Clarendon. 12. 6. vol.

—— des Personnes qui ont vécu plusieurs Siecles & qui ont rajeuni, avec le secret du râjeunissemenr. 12.

—— des Avanturiers & des Boucaniers. 12. 3 vol.

—— Amoureuse & Badine du Congrès d'Utrecht, 12. avec la Clef.

—— du Prince d'Orange & de Frise. 8. 2 vol.

—— Génealogique de la Maison d'Auvergne, par Mr. Baluze. fol. 2 vol. Paris.

Histoi-

Histoire de Provence par Mr. Gaufredi. fol. 2 vol.
——— des Sevarambes. 12. 2. vol. fig.
——— de P. de Montmaur, 8. 2. vol.
——— des Ordres Religieux & Militaires, 4. 4 vol. fig. Paris.
——— de la Republique de Genes. 12. 3. vol.
——— de l'Empire Ottoman. 12. 6 vol.
——— de la Bible par Royaumont. 12.
——— du Regne de Louïs XIV. par Mr. de Limiers. Seconde Edition. 12. 12 vol. fig.
——— ——— la même par Mr. de Larrey. 12. 4. vol. les autres huit volumes sous presse.
Historiettes Galantes, tant en Prose qu'en vers. 8.
Heures Perduës & divertissantes du Chevalier de Rior. 12. 1716.
Hieron ou Portrait de la Condition des Rois, traduit du Grec de Xenophon, par Mr. Coste. 8.
l'Homme d'un Livre ou Bibliotheque entière dans un seul petit Livre fait exprès, pour les Personnes d'esprit. 12. 2. vol.
les Hommes. 12.
Histoires Tragiques & Galantes ornée de figures en Tailledouce. 12. 2. vol. Paris.
——— de la Réformation d'Angleterre, par Mr. Burnet. 12. 4. vol. Geneve.
——— la même. 4. 2. vol, Londres.
——— du Whigisme & du Torisme par Mr. De Cize ci-devant Officier en Angleterre. 8.
——— Génerale de France par Mezerai. fol. 3 vol. Paris &c.
——— Metallique de Hollande par Bizot. fol. Paris 1687.
——— de la Bible par Royaumont. 4. fig. Paris.
——— ——— la même 12.

Histoire

# CATALOGUE.

Histoire de la Reformation d'Angleterre. Par Mr. Burnet, 4. 2. vol.
——— de l'Eglise du Japon. 4. 2. vol. Paris, 1689.
l'Iliade d'Homere, par Madame Dacier, 12. 3 vol.
——— Poëme, par Mr. de la Motte. 12. fig. 1714.
les Illustres Françoises, Histoire véritable, 12. 2 vol.
Ismaël, Prince de Maroc. 12.
Inées de Cordouë, surnommé le Grand Capitaine, 12.
Journal Litteraire, complet. 9 vol.
Iconologie ou Emblêmes de Cesar Rippa. 12. 2 vol. fig.
Instructions Chrétiennes d'un Pere à sa Fille, par Du Puy. 12.
Intrigues Amoureuses de la Cour de France. 12 2 vol.
Jurieu Histoire Critique des Dogmes & des Cultes. 4.
Locke, Essai Philosophique concernant l'Entendement humain. 4.
Lettres de Guy Patin. 12. 3 vol.
——— de Rabutin. 12. 3 vol.
——— de Boursault. 12. 2 vol.
——— Critiques de Mr. de Joncourt. 12.
——— de Mrs. de l'Academie Françoise. 8.
——— Familières de Milleran. 8.
——— Provinciales de Montalte. 8. 3 vol.
——— de Rabelais. 8.
——— du Roi Louïs XII. & du Cardinal d'Amboise. 8. 4 vol.
——— de Ciceron à Atticus. 12. 6. vol.

FIN.

www.ingramcontent.com/pod-product-compliance
Ingram Content Group UK Ltd.
Pitfield, Milton Keynes, MK11 3LW, UK
UKHW020558230726
13926UKWH00005B/2084

9 782016 171301